亞洲最大命理網站「占卜大觀園」命理總顧問

陳哲毅◎著

我的第一本
求籤解惑書

序言

　　每當逢年過節，或是有喜慶時，大家就會去廟裡上香拜拜，祈禱自己能夠平平安安，運勢能夠一帆風順，當然不能夠免俗的，會想要抽個籤看看，知道一整年的運勢如何。傳統籤詩的範圍包羅萬象，像是事業、財運、婚姻、健康、旅遊、住宅……等，幾乎所有生活的經驗，都收納在籤詩裡面，利用人物故事、歷史典故、忠孝節義、道德勸善、因果災禍，來替人們指點一個方向。但隨著時代的演變，社會的變遷，對於現實的沉重壓力，人們往往會遇到心情鬱悶不得紓解，又毫無頭緒的時候，這時就很容易求神問卜，用來作為參考的依據，因此產生問題時，就會跑去廟裡求籤，而不會等到固定節慶，或是選擇特別的日子才去。

　　不過社會步調繁忙，人們的時間很寶貴，有時無法抽出空閒，親自前往廟裡求籤，又常常遇到瑣事纏身時，不曉得該怎麼辦；隨著科技的進步，網路資訊的發達，空間與時間不再是問題，人們可以藉著科技的發達，享受其所帶來的便利，以往一切的民俗活動，都可以在網路上使用

2

並得到妥善的服務。像是十二生肖的流年，太歲就要點光明燈或是點其他的類型；或是個人運勢的祭改、小兒收驚、鎮邪除煞、亡者超渡、嬰靈往生……等，這些你想得到的範圍，現在都可以透過網路隨時隨地觀看，人不用親自到現場，也能夠來辦完心願。

有鑑於此，所以推出這本靈籤解說，來便利大家的時間。本書的特點，除了詳細白話解說，讓你不用推敲半天，就能明白其中涵意，知道自己的處境，再做出相關的因應；再者，隨書附贈光碟，可以上網連線，自己親自動手，透過電腦來抽籤，以節省時間。也許有人會問說，這樣是否準確？或是會不會對神明不敬，其實「心誠則靈」，凡事只要行的正，光明正大的話，仙佛菩薩就會保佑，而針對你求的問題，給一個明確的指示，這點是大家不用煩惱的。

再來關於這本靈籤的推出，要感謝好幾位前輩、同好的幫忙，以及各方人士的提拔牽成。

吳明修老師

感謝吳老師長期的關懷，並且不吝嗇指導，讓哲毅能

受益良多，特別是吳老師，也擔任諸多廟宇的顧問，因此對靈籤解說的推出，也抱持相當肯定的態度。

南投竹山：惠王宮

李氏兄弟，李春松、李信志兩人的指點切磋，春松兄擅長於卦理，能夠直斷吉凶，讓我對卦理有更多的了解；而信志兄對於藥草醫理的了解，更是讓我大開眼界，其診斷醫療的手法更是獨一無二，在觀看他人面相氣色，開出對症下藥的藥草後，更運用「符籙」之學來加強療效，在讚嘆之餘，也使得哲毅不時拜訪請益，對於所學有更多啟發精進，而豐富了本書的內容。

基隆普化警善堂

透過簡火土道長的幫忙，明白寺廟的運作情況，願意分享心得感想，讓靈籤的內容更加豐富。特別是簡火土道長為乩身，是「關聖帝君」的代言人，前幾次「關聖帝君恩師」親自降筆賜序，對於哲毅的姓名學讚譽有佳，並且點明開破不少人生道理，而出版面相學、手相學時也都寫序，來勉勵哲毅認真精進，宏揚更多五術學識，這次這本靈籤解說的推出，也承蒙恩師的指點下，才能夠順利的推

出。

龜山北靈宮

　　在民間信仰習俗當中，玄天上帝廣為人知，而且信徒十分眾多，但您可能不知道，亞洲最大的玄天上帝雕塑，就剛好座落於台灣，在桃園龜山鄉的北靈宮，神尊共有二十公尺，相當於八層樓的高度，十分的威武莊嚴，讓人們相當讚嘆。而北靈宮的位置，在青龍嶺的主峰上，左青龍、右白虎、前朱雀、後玄武，四靈共同守護，優越的地理環境，隱含著山水靈氣，是塊極佳的聖地，由於相當的靈驗，來往的信眾很多。而主持潘師兄，也就「玄靈師尊」，受玄天上帝教誨，冥冥之中的指引，決心要宏揚道法，憑著堅毅的精神，以及信眾的努力，於是才有「北靈宮」的誕生。北靈宮經常舉辦法會祭典，除了祈求國泰民安外，也順便幫人消災解厄，平常更有問事服務、靈籤卜卦，專門解答個人疑惑，並增補運勢，以化解凶煞。因為先天環境寬廣，北靈宮的附屬設施，從停車場、餐廳、講堂、到禪房、休息室設備齊全，很適合全家出遊，共同來休閒觀光，並且能感應自然磁場，無形中開啟個人的智慧

，消除煩惱與障礙，讓人生朝向光明、平順而行。

紅螞蟻圖書公司：李錫東總經理

　　在經濟情況這麼不景氣的時候，願意在背後大力支持贊助，並且加以推動叮嚀與照顧，從姓名學開始，一直到面相學、手相學，到現在又有靈籤解說的推出，讓哲毅非常感懷在心，希望本書的積極推出，能有助大家解決人生疑惑，並從當中能得到啟示。

占卜大觀園：嚴立行總經理

　　靈籤的光碟程式設計，全部經由占卜大觀園幫包辦，感謝參與的工程師、相關人員，以及嚴經理的支持愛護，讓大家可以透過網路，上網自己動手求財運籤，而屬於免費的性質，不用在到廟裡祈求，減少路途的來回奔波。

　　個人的網站也已經成立，呈現出多樣化的面貌，並且不斷的在成長茁壯當中，哲毅實在是非常感動欣慰，也希望能夠繼續奮鬥打拚，讓傳統五術能夠宏揚世界，不辜負大家的期待盼望。資料庫網址：http://www.eproname.com/

目 錄

目錄

玄天上帝靈籤

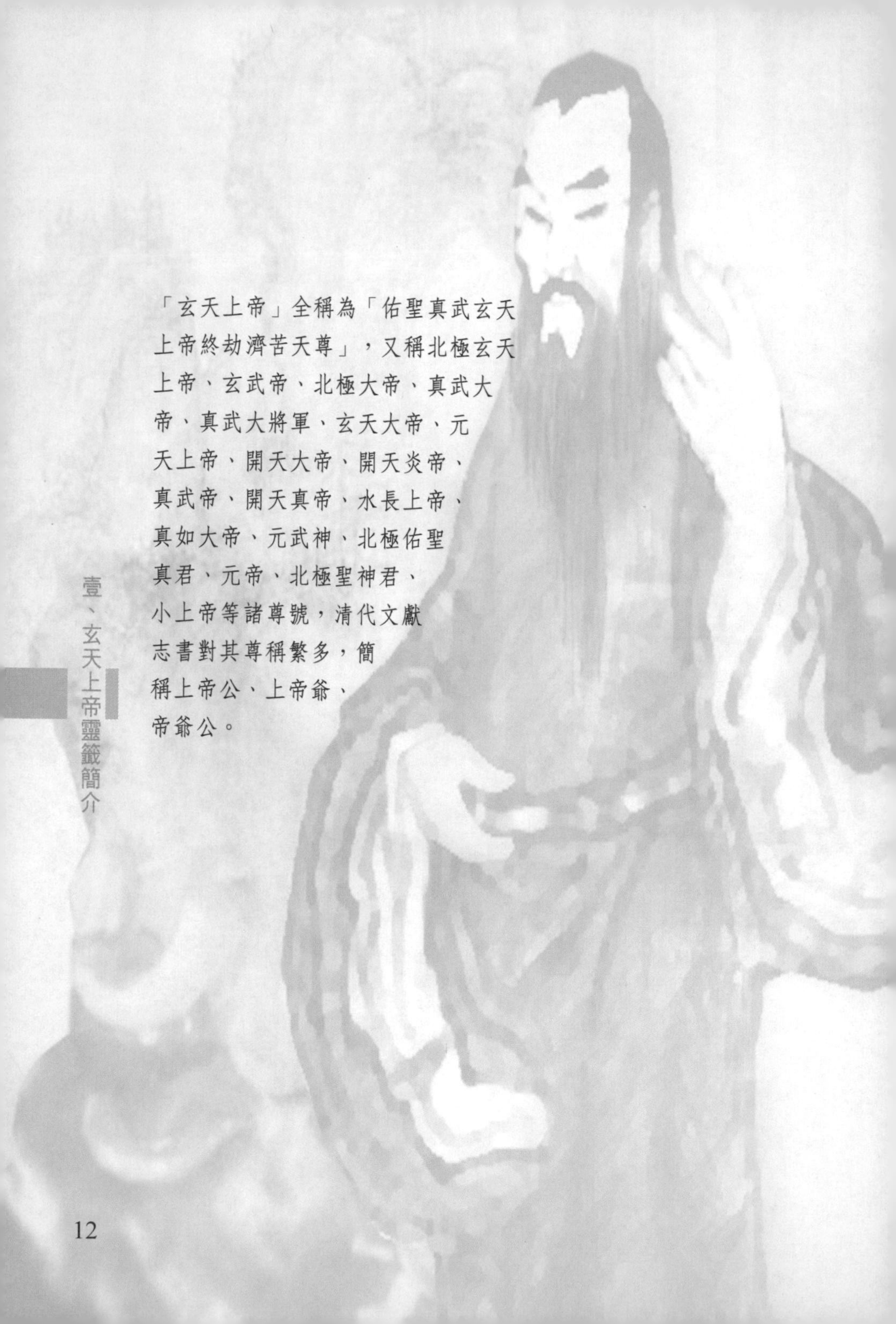

「玄天上帝」全稱為「佑聖真武玄天
上帝終劫濟苦天尊」，又稱北極玄天
上帝、玄武帝、北極大帝、真武大
帝、真武大將軍、玄天大帝、元
天上帝、開天大帝、開天炎帝、
真武帝、開天真帝、水長上帝、
真如大帝、元武神、北極佑聖
真君、元帝、北極聖神君、
小上帝等諸尊號，清代文獻
志書對其尊稱繁多，簡
稱上帝公、上帝爺、
帝爺公。

壹、玄天上帝靈籤簡介

12

玄天上帝靈籤簡介

　　中國自古的社會，就認為天上的星宿會影響人事的運作，因此就早就把星宿給神格化，其中將不動的北極星，奉作「北斗星君」。而根據道教說法，北方屬於寒冷的地方，也是人死後靈魂的歸宿，而且黑色叫做玄，統治北方星宿的神明，就叫做「玄天上帝」，玄天上帝乃北極玄武真君的化身，道教將祂供奉在「北極殿」或「真武殿」。

　　而玄天上帝又叫做帝爺公、上帝公、真武大帝，其雙足踏龜蛇、右手執寶劍、左手握印訣的形象，顯得神威赫赫，讓大家印象相當深刻。而且玄天上帝的傳說，大多是奉命下凡，來人間降妖伏魔，像是收伏在江河危害百姓的龜蛇二妖，或是與魔王大戰於洞庭，，最後魔王落荒而逃，但也因此衣冠不整、冠履俱失，所以目前看到的玄天上帝，才出現披頭散髮的造型。

　　而另外一種說法，說玄天上帝生前是屠夫，有一天忽然頓悟修道，於是想將屠刀丟入江中，但又怕誤傷水族生

命，於是利用屠刀切腹，將腸肚拋棄江中，此時天上金光
大作，就度化他成仙去。不過丟棄的腸胃，在吸收天地精
氣後，居然變成了龜蛇，在凡間作亂危害世人，於是玄天
上帝親自下凡收妖，而龜蛇收伏之後，就成為玄天上帝的
護法。

　　台灣每年二月底三月初，玄天上帝的信徒，會到南投
松柏嶺受天宮，或是台南玉井的玄天上帝廟進香，而屠宰
業方面，也會舉行盛大的慶典，以祈求生意興隆、平安順
利。對一般的民眾而言，若覺得運勢不順，感覺有小人暗
中作祟，或是受到不平等的對待，都能祈求玄天上帝幫忙
化解。

靈籤說明與案例導讀

　　關於靈籤的由來，若有前往寺廟拜拜，就會知道那是
什麼，其實也就是占卜問卦，只不過對象不相同，內容項
目也不同，一般人都會好奇想抽籤，不然就是遭遇到困
難，或是難以決定的事情，所以想請求神明指點，在從前
的社會中，對於信仰相當虔誠，所以抽籤是重大的事，絕
對不可以馬虎，必須要準備牲禮，鮮花五果，並且焚香禱

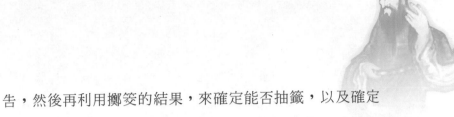

告，然後再利用擲筊的結果，來確定能否抽籤，以及確定抽到的籤，就是神明所要傳達的旨意。而現在人雖然文明，很多事能自行處理，很少有機會到廟裡抽籤，或者根本沒時間前往，但人難免會有疑惑，陷入無助的情況，這時就可以利用靈籤，來幫助我們解答疑惑，或許就會有所幫助。

靈籤的使用除了傳統的方式，也就是擲筊抽籤之外，也有很多種其他方式，只要是心誠就會靈驗，而不用太在意形式。以下提供的方式，適用於各種靈籤，內容只是作為參考，而不是說一種靈籤只能有一種方式，或特定方式才能使用。

案例一：玄天上帝靈籤

先準備一些米粒，或數量可以數的物品，像是圍棋的黑白子，或是大小一致的錢幣，利用米卦或其他物品來抽籤。

一、先知道靈籤的數目，像是二十八籤、或三十二籤。若假設是二十四籤。

二、接著利用米粒求十位數，任意抓出一堆米粒後，假設得出11粒，11必須除以3求餘數，得出餘數等於2，那麼十位數就是2。

三、接著利用米粒求個位數，任意抓出一堆米粒後，假設得出11點，11點必須要除以10求餘數，那麼餘數為1，個位數就是1。(若投抽出10點以下，就可以直接當成個位數，不必再求餘數，若10剛好整除，就剛好等於0，但若十位數跟個位數都是0時，就必須要重新抽籤)

四、尋找玄天上帝靈籤第二十一籤，並依照所求事項，來觀看靈籤解答。

五、假設是詢問【感情】，則靈籤解答如下：

第二十一首　笑聖聖

太公釣渭八十秋　　除商誅紂再興周
民安國定太平世　　江山萬里任君遊

籤曰：

感情運勢方面，緣分會比較晚出現，應該要先充實自我，等待時機的來臨，不可以因此荒廢怠惰，要挑選對象

的話，不要隨便嫌棄對方的條件，要能發覺對方的優點所在，否則機會將錯過不再重來；已經在交往的人，彼此要開誠佈公，不能存心欺騙，感情才不會中途生變；婚姻方面，彼此琴瑟和鳴，乃是天作之合。

案例二：玄天上帝靈籤

先準備一些米粒，或數量可以數的物品，像是圍棋的黑白子，或是大小一致的錢幣，利用米卦或其他物品來抽籤。

一、先知道靈籤的數目，像是二十八籤、或三十二籤。若假設是二十四籤。

二、接著利用米粒求十位數，任意抓出一堆米粒後，假設得出12粒，12必須除以3求餘數，得出餘數等於0，那麼十位數就是0。

三、接著利用米粒求個位數，任意抓出一堆米粒後，假設得出14點，14點必須要除以10求餘數，得出餘數等於4，個位數就是4。（若投抽出10點以下，就可以直接當成個位數，不必再求餘數，若10剛好整除，就剛好等於0，但若十位數跟個位數都是0時，就必須要重新抽籤）

四、尋找玄天上帝靈籤第四籤，並依照所求事項，來觀看靈籤解答。

五、假設是詢問【事業】，則靈籤解答如下：

第四首　聖陰陰

白虎出山欲害人　誤入羅網難脫身
害人之心則害己　蟲飛入火自傷身

籤曰：

想要求學深造的話，不要只做白日夢，而懶惰不求上進，等到將來需要時，才在那邊懊惱後悔，卻已經來不及了，現在就要醒悟才行，在事業運勢方面，工作情況不如意，有可能會被革職，要先安排好後路才行，想要求職的話，要注意求職陷阱，不要被金錢誘惑，貪圖物質的結果，很可能誤入歧途，而斷送前程。

案例三：玄天上帝靈籤

先準備一些米粒，或數量可以數的物品，像是圍棋的黑白子，或是大小一致的錢幣，利用米卦或其他物品來抽籤。

一、先知道靈籤的數目，像二十八籤、或三十二籤。若假設是二十四籤。

二、接著利用米粒求十位數，任意抓出一堆米粒後，假設得出4粒，4必須除以3求餘數，得出餘數等於1，那麼十位數就是1。

三、接著利用米粒求個位數，任意抓出一堆米粒後，假設得出12點，12點必須要除以10求餘數，得出餘數等於2，個位數就是2。(若投抽出10點以下，就可以直接當成個位數，不必再求餘數，若10剛好整除，就剛好等於0，但若十位數跟個位數都是0時，就必須要重新抽籤)

四、尋找玄天上帝靈籤第十二籤，並依照所求事項，來觀看靈籤解答。

五、假設是詢問【旅遊】，則靈籤解答如下：

第十二首　陰聖聖

夫婦有意兩相謀　綢繆未合各成愁
萬事逢秋成大吉　姻緣註定不湏求

籤曰：

身體健康方面，若目前有病在身的話，要趕快找醫生，就能夠即時治療，若要開刀住院，病情雖然嚴重，但已經有好轉跡象，應該持續的治療，在旅遊方面，可以找親朋好友組團，一同前往出國旅遊，將會進行得很順利，能夠玩的很開心愉快，想搬遷的話，可以透過他人幫忙，尋找適當的地點，會比較省時省力。

玄天大帝靈籤（財運生意）

第一首　三聖首

福如東海壽如山　君爾何湏苦中間

榮華富貴終到老　太白天貴守身邊

籤曰：

在財運方面，要用正當的手段賺取，自然就會順心如意，不可以使用旁門左道，否則就算賺到財富，也沒有辦法留守的住，做生意的話，要先有穩固的基礎靠山，最好請教有經驗的前輩，凡事執行起來，才能夠事半功倍，不會走冤枉路，要借貸的話，有困難的時候，可以跟長輩開口，將會獲得支助，不用擔心借不到。

第二首　聖聖笑

寶鏡團圓光如月　琴瑟和鳴暢吾情

買賣婚姻皆如意　登科一舉狀元名

籤曰：

在財運方面，是適合主動出擊的時候，凡事不要墨守成規，要懂得隨機應變，才會有比較好的結果，做生意的

話，要推出新的行銷方式，來吸引新的客戶上門，而在老顧客方面，可以多加優惠來回饋，讓對方覺得受到禮遇，就能夠財源滾滾，要借貸的話，可以先衡量情況，再做詳細打算，最好能跟親朋好友一起商量。

第三首　聖聖陰

　　啞人得夢事難言　　瞎子穿針逕難通
　　九曲明珠穿不過　　孔子在陳必絕糧

籤曰：

　　在財運方面，各方面有較多的支出，要想辦法來節制花費，不然恐怕會超出預算，有透支的現象，做生意的話，自己的意見太過主觀，沒有辦法聽進別人的建議，當問題發生的時候，往往會後悔莫及、悔不當初，要借貸的話，因為過去的信用不佳，以至於沒有人願意伸出援手，只能夠暫時忍耐，撐過眼前的難關。

第四首　聖陰陰

　　白虎出山欲害人　　誤入羅網難脫身
　　害人之心則害己　　蟲飛入火自傷身

籤曰：

在財運方面，正處於低潮的時刻，身上恐怕會有負債，而沒辦法準時還款，但不要因此想不開，還是會有解決的機會，做生意的話，不要想偷雞摸狗，凡事欲速則不達，還是要一步一腳印，會比較安穩妥當，才能夠細水長流，要借貸的話，要看清楚對象再說，不要完全都不考慮，跟合法的機構借貸，會比較有保障。

第五首　聖笑笑

梅花似雪正芳菲　江海漁父枉勞歸
夜靜風雲魚不餌　滿船空載明月歸

籤曰：

在財運方面，凡事要量入為出，不要想貪圖享受，否則負債只會增加，經濟情況會越來越糟糕，做生意的話，環境景氣不理想，業績一直滑落中，應該要積極振作，想辦法挽救局勢才是，千萬不要什麼都不做，要借貸的話，對方不是很好商量的人，但經濟拮据的問題，逼得你不得不前往嘗試，說不定會有轉機。

第六首　聖陰聖

富貴總是天注定　　五穀豐登勝上丰

共享太平歌舜日　　含哺鼓腹樂堯天

籤曰：

在財運方面，將會有好消息傳出，多半是先前努力的
結果，現在正是豐收的時候，要好好運用這筆財富才行，
做生意的話，由於自己的打拚，加上環境的幫助，使得生
意非常興隆，業績扶搖直上，能夠賺取不少的財富，要借
貸的話，由於過去紀錄良好，過程將會非常順利，不會有
什麼阻礙，但要記得準時還錢就好。

第七首　聖陰笑

鯉魚志氣本英雄　　屈在池中運未通

一旦飛來頭角現　　風雲聚會化成龍

籤曰：

在財運方面，暫時不是很理想，不過也沒有什麼問
題，只要持續努力奮鬥，財源應該就不會短缺，做生意的
話，私下計劃很久了，時機也已經成熟，是該實現的時
候，將能夠一炮而紅，打響商品的知名度，有賺錢的機

會，要借貸的話，要花費點心思，不可以勉強行事，還是要觀察一陣子，等待時機的轉變再說。

第八首　聖笑陰

　　皇天降下紫微星　　除妖滅莽得安寧
　　二十八宿扶聖主　　漢國江山再重興

籤口：

　　在財運方面，會有貴人前來牽線，而獲得賺錢的消息，讓你會非常的心動，若真的積極投入運作，將能夠有利可圖，做生意的話，由於是正派經營，不怕他人來搗亂，現在的環境趨勢有利，只要看準時機下手，就能夠穩賺不賠，要借貸的話，原本困窘的局面，會有貴人出現，應該要好好把握，誠心向對方來求幫助。

第九首　三陰首

　　鬼門關前遇無常　　鐵船遇海浪頭風
　　口愿冤愆如羅網　　爾欲知時災禍殃

籤曰：

　　在財運方面，最近會遭遇詐騙，將會有金錢損失，自

己要小心注意，才不會再度上當受騙，做生意的話，慘澹
經營的情況，讓你感到心灰意冷，會想要轉換行業，但現
在景氣不佳，應該再三考慮，才不會增加負擔，要借貸的
話，負債的情況嚴重，沒有人能幫助你，你應該尋求正當
途徑，來解決問題會比較理想。

第十首　陰陰聖

三藏取經注西天　路途險難得齊天
雲橫秦嶺家何在　雪擁藍關馬不前

籤曰：

在財運方面，不要過分貪圖利益，凡事要先設想後
果，不然恐怕因此吃虧，會被他人給牽連拖累，無端惹上
無妄之災，做生意的話，遇到的困難的時候，要趕快找人
來幫忙，不要都悶不吭聲，那不會有什麼效果，別人也沒
辦法幫助你，要借貸的話，可以向信賴的朋友求救，但金
額不應該太多，能夠稍微應急就夠了。

第十一首　陰陰笑

八仙過海赴蟠桃　龍王拋下藍采和
因奪玉枝兵力戰　彌陀慈悲來講和

籤曰：

在財運方面，要重視個人的信用，對於別人的要求，不要隨便的答應承諾，要先衡量本身的情況再說，做生意的話，可以考慮跟人家合作，業務將能夠順利擴大，但要先摸清楚對方底細，才不會吃虧上當，要借貸的話，自己的能力不足，盡量不要做人家的擔保人，以免到時候發生問題，造成不小的麻煩與負擔。

第十二首　陰聖聖

夫婦有意兩相謀　綢繆未合各成愁
萬事逢秋成大吉　姻緣註定不湏求

籤曰：

在財運方面，凡事不可以勉強，或是去遷怒他人，一切冥冥之中都自有安排，不用太過怨天尤人，態度要積極振作才好，做生意的話，最好要避開競爭的局面，可以朝獨占的行業著手，除了能夠控制市場，也能夠從中獲利，要借貸的話，可以找朋友來幫忙，但態度上要低調，不可以太過強勢，否則對方將不予以援助。

第十三首　陰笑笑

伏羲八卦最靈精　六十甲子推五星

暗室虧心天地見　舉頭三尺有神明

籤曰：

在財運方面，已經努力一段時間，身邊的資源豐富，若有什麼計劃的話，應該趕快籌備妥當，就能夠順利的推動，做生意的話，要先準備資金來創業，遇到困難時才能週轉，凡事要精打細算，錢要花在刀口上，才能夠長久經營，要借貸的話，一定要心存正念，不可以存心欺騙，不然朋友都會離去，不願意繼續交往。

第十四首　陰聖陰

張弓射月靜虛空　朽木難雕枉用工

平生信念千聲佛　做惡免燒萬枝香

籤曰：

在財運方面，自己的條件不足，做什麼都很吃虧，應該先累積人脈資源，再談理財規劃，做生意的話，不要有什麼變動，能維持現狀就好，目前景氣不是很理想，應該要等待環境時機好轉，才能夠有大刀闊斧的進展，要借貸

的話，一定要按時還款，不然恐怕失去信用，下次再發生困難的時候，就不會有人出手幫助。

第十五首　陰笑陰

昔日螳螂注捕蟬　不疑黃雀在身邊
莫信此人直中直　須防其心仁不仁

籤曰：

在財運方面，費盡心思要謀取財富，可惜天不從人願，最後卻一無所得、徒勞無功，應該要好好檢討反省才是，做生意的話，雖然很努力的打拚，但畢竟不是做生意的料，很可能遭人慫恿欺騙，而做出損人不利己的事情，影響到原本正常的經營，要借貸的話，若跟地下錢莊借貸，負債將越滾越大，而無法收捨善後。

第十六首　陰聖笑

牛郎織女本天仙　阻隔銀河路杳然
百年富貴風中燭　一旦榮華夢裡仙

籤曰：

在財運方面，現在的時機不錯，應加快腳步推展，不

要太過於保守，這樣就能更上一層樓，不用擔心沒有財源，做生意的話，自己擁有不錯的天賦，若能好好發揮創意，運用在實際經營方面，將能夠有很好的成果，讓大家都非常的肯定，要借貸的話，可以跟朋友商量合作，彼此合夥投資計畫，將會有不錯的收益。

第十七首　陰笑聖

雷霆霹靂震當空　天罡差我查吉凶
積善之家必有慶　積惡之家定住殃

籤曰：

在財運方面，原本不利的局面改善，現在的情勢非常有利，應該要把握機會，好好的衝刺一番，將會有意想不到的效果，做生意的話，現在正是財運旺盛的時候，要好好的吸引客戶上門，不要輕易的放過過機會，要辦法增加花樣噱頭才行，要借貸的話，會有人上門拜訪，希望獲得幫助，應該先衡量情況，再給予協助。

第十八首　三笑首

風田浪靜可行舟　高聲歌舞樂悠悠
四皓八仙齊暢飲　十八學士登瀛洲

籤曰：

在財運方面，先前低潮的日子已經過去，現在的情況對你有利，遠方會有賺錢的好消息傳來，就等著你的決定而已，做生意的話，要先確保貨源穩定，腳步不要衝刺得太快，以免到時候發生困難，卻沒有辦法順利解決，要借貸的話，要先擬定好計劃，開出詳細的報表，看看需要多少資金，再做借貸的打算也不遲。

第十九首　笑笑聖

日上東風吹散雲　光明輕彩照乾坤
二十四氣盡清吉　一年四季太平春

籤曰：

在財運方面，只要努力打拚，就能獲得報酬，出外要多廣結善緣，發生困難的時候，才有人出面幫忙，做生意的話，要觀察市場的反應，若好的話，就要趁勝追擊，若不好的話，就保守低調，才不會有所損失。要借貸的話，現在有緊急需要，剛好先前的欠債，會有人拿來償還，讓你鬆了一口氣，能安然度過難關。

第二十首　笑笑陰

一盞明燈對面休　主人有禍再添油

任他險處不見險　若有災禍到底休

籤曰：

在財運方面，現在會遇到困難，需要花費心思處理，
要慢慢的規劃進行，不要衝刺的太快，做生意的話，經營
的情況不理想，有想要關門的打算，但應該要繼續觀望，
不要太早放棄努力，要借貸的話，原本的情況很緊急，急
需要金錢週轉，但卻四處借不到，最後關頭則是有貴人出
面，幫助解決問題，讓你虛驚一場。

第二十一首　笑聖聖

太公釣渭八十秋　除商誅紂再興周

民安國定太平世　江山萬里任君遊

籤曰：

在財運方面，沒有什麼大問題，一切都非常的安好，
能在穩定中進財，做生意的話，經過一段時間的努力，成
績非常的不錯，會有人滿賞識你的才華，希望跟你一起合
夥打拚，可以好好考慮清楚，要借貸的話，如果有人前來

商量，應該要伸出援手，不要馬上就回絕，但要考慮自己的能力，不要超過負擔的範圍才好。

第二十二首　笑聖笑

　　若要求財未得財　　只恐鬼賊相侵害
　　關門閉戶家中坐　　災禍皆從天上來

　　籤曰：

　　在財運方面，要想辦法開闢財源，不要只是光說不練，那將沒有任何實質的幫助，做生意的話，不可以過分的擴張，否則將招受到損失，目前的時機不理想，應該要保守行事才可以，要借貸的話，以前的信用紀錄不良，所以人家非常的討厭，現在若要跟人家商借，過程恐怕會相當的困難，自己要有所警惕才好。

第二十三首　笑聖笑

　　魚在小澗上長灘　　小水難逃深處安
　　心虛不守誤君事　　夷齊餓死首陽山

　　籤曰：

　　在財運方面，凡事要小心謹慎，不要急躁衝動，該努

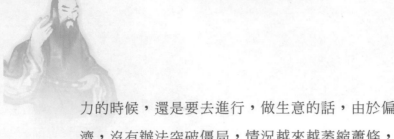

力的時候，還是要去進行，做生意的話，由於偏偏時運不濟，沒有辦法突破僵局，情況越來越萎縮蕭條，要有關門的打算才好，要借貸的話，不是說很順利，必須要四處奔波，跟人家苦苦哀求，才有可能借到，否則就只能用財產向銀行抵押，來暫時舒解經濟困難。

第二十四首　笑陰笑

囚人出獄上酒樓　　暢飲幾杯解心愁
有憂謹忍一時氣　　非干己事且相饒

籤曰：

在財運方面，跟過去比起來，現在要好得多，趁著順境的時候，好好的奮發向上，做生意的話，要懂得交際應酬的手腕，這是需要加強的部分，這樣有助於事業的經營，讓生意更加興隆，要借貸的話，由於過去的累積，人脈顯得十分廣闊，若真的有困難的話，只要開口跟朋友商量就可以，相信不會有什麼問題。

第二十五首　笑陰聖

三人異姓同一心　　桃園結義意情深
崑山美玉皆是寶　　我心是鐵變成金

籤曰：

在財運方面，賺錢消息傳來，讓你非常心動，很希望趕快行動，但要先評估一番才是，做生意的話，要懂得利用廣告來提升產品的曝光率，這樣才會引起大家注意，業績才能夠向上攀升，要借貸的話，由於本身的信用不錯，又時常幫助週遭朋友，若真的有難言之隱，不妨說出來讓大家參考，事情將會有所轉機。

第二十六首　笑聖陰

釋迦化出妙色身　老君抱送玉麒麟
真宗求嗣聲賢子　梁迄禱丘產聖人

籤曰：

在財運方面，現在的時機不錯，很適合主動出擊，但要誠心誠意，不可以心存邪念，才不會惹禍上身，做生意的話，珍惜現在的條件，要懂得知足常樂，不要太過奢侈浪費，勤儉才能夠留住福氣，要常常提醒自己才好，要借貸的話，要先衡量還款的能力，不要隨便就去借貸，應該做好詳細規劃，再來採取實際行動。

第二十七首 聖笑聖

落葉根在莫憂老　枯木逢春再發花
雖是中間羅進退　錢財到底屬王家

籤曰：

在財運方面，要先準備好基礎，不要操之過急，現在
局勢還不明朗，勉強出擊不一定會成功，要精打細算才
行，做生意的話，凡事不要太過計較，特別是競爭的同
行，彼此要能夠和氣生財，才能共創繁榮的商機，要借貸
的話，可以跟親朋好友商量，將會獲得他人的幫助，不要
不好意思開口，那只會害苦了自己。

第二十八首　笑陰陰

今朝君臣離別凶　令沖天卓決有殃
項王勢敗烏江刎　屈原枉死汨羅江

籤曰：

在財運方面，局勢不是很有利，會發生許多挫折，凡
事要能夠忍得住，不要太過衝動急躁，就不會發生嚴重問
題，做生意的話，情況還稍微平穩，但已經出現危機，最
好能提前規劃轉行，到時候才能有利可圖，不至於會損失

惨重，要借貸的話，自己要登門拜訪，不要擔心被拒絕，
只要拿出誠意，就能夠借貸到。

玄天大帝靈籤（事業功名）

第一首　三聖首

福如東海壽如山　君爾何湏苦中間

榮華富貴終到老　太白天貴守身邊

籤曰：

想要求學深造的話，會獲得良好的栽培，家裡面會盡力支持，應該要利用時間學習，在面對考試時，就會有良好成績，在事業運勢方面，要多累積工作經驗，並且實際的去操作，不要在意別人的眼光，努力追求理想就好，想要求職的話，會遇到不錯的機會，工作待遇相當優渥，環境也非常的適合，前途將大有展望。

第二首　聖聖笑

寶鏡團圓光如月　琴瑟和鳴暢吾情

買賣婚姻皆如意　登科一舉狀元名

籤曰：

想要求學深造的話，心情不要太過緊張，只要循規蹈矩的進行，讀書學習就能得到效果，考試自然就沒有問

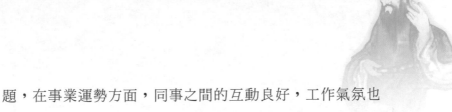

題，在事業運勢方面，同事之間的互動良好，工作氣氛也十分和諧，只要能加油努力，就會得到好結果，想要求職的話，要多方面去尋找機會，不要只侷限某些管道，可以從朋友那聽取消息，效果會比較理想。

第三首　聖聖陰

啞人得夢事難言　　瞎子穿針還難通
九曲明珠穿不過　　孔子在陳必絕糧

籤曰：

想要求學深造的話，要依照自己的能力，不要勉強的去學習，能吸收多少算多少，考取功名雖然很重要，但並不是人生的全部，在事業運勢方面，會遇到相當的阻礙，遲遲沒辦法解決，情緒會比較消極，容易憂鬱成疾，想要求職的話，到處應徵都碰壁，過程相當不順利，應該要放寬心，不妨去廟裡祈求運勢改變。

第四首　聖陰陰

白虎出山欲害人　　誤入羅網難脫身
害人之心則害己　　蟲飛入火自傷身

籤曰：

想要求學深造的話，不要只做白日夢，而懶惰不求上進，等到將來需要時，才在那邊懊惱後悔，卻已經來不及了，現在就要醒悟才行，在事業運勢方面，工作情況不如意，有可能會被革職，要先安排好後路才行，想要求職的話，要注意求職陷阱，不要被金錢誘惑，貪圖物質的結果，很可能誤入歧途，而斷送前程。

第五首　聖笑笑

梅花似雪正芳菲　江海漁父枉勞歸
夜靜風雲魚不餌　滿船空載明月歸

籤曰：

想要求學深造的話，雖然先天資質不理想，但可以靠後天的努力改善，面對各種考驗的時候，應該盡其在我的發揮，不要理會外界的影響，在事業運勢方面，工作氣氛不是很好，有較多的閒言閒語，要懂得安分守己，才能避免口舌是非，想要求職的話，現在的心情不適合工作，倒不如先去散心解悶，回頭再來尋找工作。

第六首　聖陰聖

富貴總是天注定　　五穀豐登勝上年

共享太平歌舜日　　含哺鼓腹樂堯天

籤曰：

想要求學深造的話，雖然有環境的幫助，使你的基礎比別人要好，但不可以因此驕傲自負，態度反而要更謙虛受教才是，在事業運勢方面，你的表現受到肯定，再加上不錯的業績，升遷是指日可待的，一切都會順心如意，想要求職的話，會找到適合的工作，比預期中還要理想，將能夠勝任愉快，在穩定中求發展。

第七首　聖陰笑

鯉魚志氣本英雄　　屈在池中運未通

一旦飛來頭角現　　風雲聚會化成龍

籤曰：

想要求學深造的話，已經努力學習一段時間，現在雖然看不出成效，但若遇到真正的考驗時，就能夠發揮相當實力，而有一鳴驚人的成績，在事業運勢方面，要懂得請教他人經驗，學習別人的長處優點，久而久之，自然就會

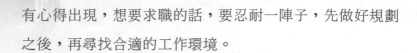

有心得出現，想要求職的話，要忍耐一陣子，先做好規劃
之後，再尋找合適的工作環境。

第八首　聖笑陰

皇天降下紫微星　除妖滅莽得安寧
二十八宿扶聖主　漢國江山再重興

籤曰：

想要求學深造的話，平時的認真努力，到了驗收的時
刻，面臨考試的時候，只要保持平常心，一切就沒有問
題，在事業運勢方面，情況顯得有些混亂，處理事務會滿
糟糕的，不過會有人從旁協助，減輕你的工作負擔，想要
求職的話，會有不錯的職務，但是壓力滿沉重的，就看你
的態度如何，各方面的待遇都還不錯。

第九首　三陰首

鬼門關前遇無常　鐵船遇海浪頭風
口愿冤愆如羅網　爾欲知時災禍殃

籤曰：

想要求學深造的話，要先衡量自己的條件，千萬不要

勉強去實行，只會浪費時間跟金錢而已，得不什麼實質的利益，在事業運勢方面，原本談妥的事情，臨時居然變了掛，讓你非常的訝異，一時之間，不知道該怎麼辦才好，想要求職的話，一直找不到合適工作，只能等待焦急而已，應該要暫時委屈，有機會就去做。

第十首　陰陰聖

> 三藏取經注西天　　路途險難得齊天
> 雲橫秦嶺家何在　　雪擁藍關馬不前

籤曰：

想要求學深造的話，過程不是很順利，也欠缺環境的助力，只能憑自己來努力，若能夠專心不懈怠的話，還是很有機會繼續升學，在事業運勢方面，表現不是很理想，有可能被公司調職，暫時要多加忍耐，不要想不開而辭職，想要求職的話，若找不到合適的工作，建議條件不要設定太高，會有比較多的工作可以擔任。

第十一首　陰陰笑

> 八仙過海赴蟠桃　　龍王拋下藍采和
> 因奪玉枝兵力戰　　彌陀慈悲來講和

籤曰：

　　想要求學深造的話，現在時機不是很好，會有無奈的事情發生，讓你必須暫時放下課業，但以後還是有機會重捨書本，在事業運勢方面，不要想偷雞摸狗，凡事要腳踏實地，才能讓人尊重肯定，否則將影響自己的前途，想要求職的話，應徵的工作很競爭，有許多人搶位子，應該要好好表現，才能順利爭取到機會。

第十二首　陰聖聖

夫婦有意兩相謀　　綢繆未合各成愁
萬事逢秋成大吉　　姻緣註定不湏求

籤曰：

　　想要求學深造的話，一時的失敗不要在意，要能夠虛心的檢討，當下次面對考驗的時候，積極爭取表現就可以了，凡事要記取教訓就好，在事業運勢方面，要先做好自己的本分，不要忙其他的事情，否則將會顧此失彼，到最後兩邊都落空，想要求職的話，想找合適的工作，需要貴人牽引，應該主動前去拜訪才是。

第十三首　陰笑笑

伏羲八卦最靈精　六十甲子推五星

暗室虧心天地見　舉頭三尺有神明

籤曰：

想要求學深造的話，原本的基礎就不錯，成績一直非常優秀，若想要爭取機會出國，現在正是大好時機，應要努力爭取，不要猶豫不決，在事業運勢方面，做事情要光明正大，不要想存心欺騙，這樣人家才會看重你，願意託付重責大任，想要求職的話，最好是親自去尋找，不要透過他人介紹，以免欠下人情債。

第十四首　陰聖陰

張弓射月靜虛空　朽木難雕枉用工

平生信念千聲佛　做惡免燒萬枝香

籤曰：

想要求學深造的話，應該要為了自己將來打算，而不是活在別人的期望當中，這樣讀起書來才會有動力，而不至於顯得意興闌珊，在事業運勢方面，要懂得見好就收，不要過分貪圖，才不會引起他人忌妒，造成口舌是非的糾

紛，想要求職的話，要先了解自己的條件，並且腳踏實地去尋找，才不會覺得大材小用。

第十五首　陰笑陰

昔日螳螂注捕蟬　不疑黃雀在身邊
莫信此人直中直　須防其心仁不仁

籤曰：

想要求學深造的話，交友的情況要注意，不要隨便跟人鬼混，否則將沒有心思唸書，學業成績會一落千丈，在事業運勢方面，要注意身旁的人際，裡面會有小人出現，要特別留意提防，才不會遭受設計陷害，而影響到工作前途，想要求職的話，應徵工作的時候，要先看清楚內容，才不會上當受騙，白白損失金錢。

第十六首　陰聖笑

牛郎織女本天仙　阻隔銀河路杳然
百年富貴風中燭　一旦榮華夢裡仙

籤曰：

想要求學深造的話，現在就要開始努力，不要繼續荒

廢下去，凡事都要提前準備，會比較有希望成功。在事業
運勢方面，有些不好的事情發生，大家會認爲是你做的，
不過經過一番調查之後，就會發現你是清白的。想要求職
的話，剛開始沒有什麼動靜，等待的時間很漫長，但最後
會有人帶消息來，讓你非常的驚喜。

第十七首　陰笑聖

雷霆霹靂震當空　　天罡差我查吉凶
積善之家必有慶　　積惡之家定佳殃

籤曰：

想要求學深造的話，實力是慢慢累積起的，絕對沒有
辦法一步登天，只有持之以恆的努力才會成功，在事業運
勢方面，不要羨慕別人的成就，而顯得滿腹牢騷，自己要
認眞打拚，才會獲得同樣的尊重，否則將不會有進展，想
要求職的話，要先學習專業技能，再來想辦法找工作，可
以從人際關係下手，會比較有好消息。

第十八首　三笑首

風田浪靜可行舟　　高聲歌舞樂悠悠
四皓八仙齊暢飲　　十八學士登瀛洲

籤曰：

想要求學深造的話，現在正是最後關頭，距離考驗的日子不遠，應該要加緊腳步努力，才能夠爭取好成績，在事業運勢方面，處理事情要有條有理，不要能夠衝動行事，冷靜思考才不會疏忽，工作的效率會比較高，想要求職的話，找不到什麼好工作，一直都悶悶不樂，但最近會消息傳出，是你夢寐以求的工作機會。

第十九首　笑笑聖

日上東風吹散雲　　光明輕彩照乾坤
二十四氣盡清吉　　一年四季太平春

籤曰：

想要求學深造的話，經過長期的努力，不眠不休的唸書，終於有令人滿意的結果，考試的成績將名列前茅，在事業運勢方面，趁著人際關係不錯，要趕快打好基礎，能獲得較多的經驗，才能在工作上一展身手，想要求職的話，人緣顯得相當不錯，應徵面試的印象良好，很有錄取的希望，工作待遇跟條件都很不錯。

第二十首　笑笑陰

一盞明燈對面休　主人有禍再添油

任他險處不見險　若有災禍到底休

籤曰：

想要求學深造的話，已經到了最後關頭，不要輕易放棄機會，只要咬緊牙根撐過去，就能夠有好的結果，在事業運勢方面，要多利用身邊的資源，特別是人際關係方面，才能得到有利的消息，對自己有所幫助，想要求職的話，要慢慢的尋找，不要太過急躁，先分析公司的前景，再做考量規劃，會比較理想妥當。

第二十一首　笑聖聖

太公釣渭八十秋　除商誅紂再興周

民安國定太平世　江山萬里任君遊

籤曰：

想要求學深造的話，要懂得讀書的竅門，腦筋要靈活運用，學習上會進步比較快，對於考試而言，不要害怕失敗，全力以赴就是，在事業運勢方面，會有升官發財的機會，有可能調任重要職務，或是安排其他的出路，想要求

職的話，才華會獲得賞識，有貴人前來提拔，自己要認眞
求表現，才不會辜負衆人的期待。

第二十二首　笑聖笑

若要求財未得財　　只恐鬼賊相侵害

關門閉戶家中坐　　災禍皆從天上來

籤曰：

想要求學深造的話，要先了解自己的興趣，培養適合
的專長，不要盲從社會的趨勢，而陷入迷思當中，影響將
來的前途發展，在事業運勢方面，因爲一時的疏忽，以至
於忙中有錯，有背黑鍋的可能，要多加注意才好，想要求
職的話，要先加強專業技能，不要急著投入職場，這樣會
比較有信心，才能面對激烈競爭。

第二十三首　笑聖笑

魚在小澗上長灘　　小水難逃深處安

心虛不守誤君事　　夷齊餓死首陽山

籤曰：

想要求學深造的話，若只是整天貪玩享樂，而沒有實

際的用功，想要獲得好成績是不可能的事情，要好好檢討反省自己才是，在事業運勢方面，非常的奔波勞碌，但是卻沒有起色，應該要虛心檢討，是否方法有所錯誤，想要求職的話，會遇到瓶頸困難，暫時無法順心如意，但還是要積極振作，努力尋找合適的工作。

第二十四首　笑陰笑

囚人出獄上酒樓　暢飲幾杯解心愁
有憂謹忍一時氣　非干己事且相饒

籤曰：

想要求學深造的話，要有好的良師益友，彼此能互相激勵，學習進步會較快，在考試方面，只要盡力就好，不要太過計較，事業運勢方面，暫時的不如意，也已經成過去，既然有貴人相助，倒不如迎接挑戰，創造下一波顛峰，想要求職的話，難免會遇到挫折，但不要因此氣餒，要再接再厲努力，自然就會有好結果。

第二十五首　笑陰聖

三人異姓同一心　桃園結義意情深
崑山美玉皆是寶　我心是鐵變成金

籤曰：

想要求學深造的話，一開始就要下定決心，最忌諱三心二意、半途而廢，只要肯花時間努力，多請教師長同學的話，成績就會明顯進步，事業運勢方面，要多與人商量合作，不要老是想靠自己，有些時候團隊的默契，比個人的表現要重要，想要求職的話，會有好消息傳來，只要內容準備妥當，前去應徵面試就可以。

第二十六首　笑聖陰

釋迦化出妙色身　　老君抱送玉麒麟
真宗求嗣聲賢子　　梁迄禱丘產聖人

籤曰：

想要求學深造的話，除了基本的學問知識外，最好培養其他的技能，對你前途會比較理想，也比較有競爭力，將可以出人頭地，事業運勢方面，要多方面的進修，不要只原地踏步，才能跟得上潮流趨勢，會有更多發揮的空間，想要求職的話，要透過關係來尋找，不用怕不好意思，只要工作表現良好，就不會有問題。

第二十七首　聖笑聖

落葉根在莫憂老　枯木逢春再發花

雖是中間羅進退　錢財到底屬王家

籤曰：

　　想要求學深造的話，不要想要追求速成，要按部就班來實行，雖然比較晚有成就，但基礎能夠穩固，面對各種考試，都將沒有問題，事業運勢方面，要積極的進取，不要好吃懶惰，若展現企圖心，就會獲得欣賞提拔，想要求職的話，過程一直不是很順利，找的工作都不滿意，暫時會不停的更換，而沒辦法安定下來。

第二十八首　笑陰陰

今朝君臣離別凶　令沖天卓決有殃

項王勢敗烏江刎　屈原枉死汨羅江

籤曰：

　　想要求學深造的話，讀書重視日積月累，而不是一夕可成，要持之以恆才有效果，考試的話，只要認真努力，就能金榜題名。事業運勢方面，週遭環境變化大，要能即時應對，增加自己本錢，才不會被時勢淘汰，想要求職的

話，情況不是很理想，但不能因此急躁，還是要好好選擇，特別是老闆方面，要跟對人才行。

玄天大帝靈籤（疾病旅遊）

第一首　三聖首

福如東海壽如山　　君爾何湏苦中間

榮華富貴終到老　　太白天貴守身邊

籤曰：

身體健康方面，問題將會漸漸好轉，不會像之前那樣嚴重，但仍要注意保養，毛病才不會再度復發，若要開刀住院，過程將會非常順利，沒有什麼太大問題，很快就能夠康復出院，在旅遊方面，趁著天氣好的時候，是可以考慮出遊，放鬆一下身心，想搬遷的話，會是不錯的選擇，要趕快定好日子，馬上來完成計劃。

第二首　聖聖笑

寶鏡團圓光如月　　琴瑟和鳴暢吾情

買賣婚姻皆如意　　登科一舉狀元名

籤曰：

身體健康方面，有毛病的發生時候，千萬不要隨便忽視，要視情況的大小，來做適當的處理，若要開刀住院，

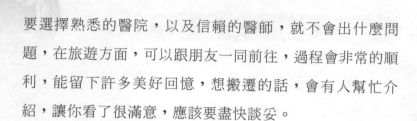

要選擇熟悉的醫院，以及信賴的醫師，就不會出什麼問題，在旅遊方面，可以跟朋友一同前往，過程會非常的順利，能留下許多美好回憶，想搬遷的話，會有人幫忙介紹，讓你看了很滿意，應該要盡快談妥。

第三首　聖聖陰

啞人得夢事難言　　瞎子穿針遲難通
九曲明珠穿不過　　孔子在陳必絕糧

籤曰：

身體健康方面，先天體質就不佳，生病都會很慢才好，暫時還會折磨一陣子，若要開刀住院，情況顯得危急，有每況愈下的趨勢，要謹慎的考慮才好，在旅遊方面，許多困擾發生，讓你難以應付，只希望處理好事情，恐怕不會順利成行，想搬遷的話，目前時機不對，最好打消念頭，不然恐發生困難，影響原有運勢。

第四首　聖陰陰

白虎出山欲害人　　誤入羅網難脫身
害人之心則害己　　蟲飛入火自傷身

壹、玄天上帝靈籤簡介

籤曰：

身體健康方面，要注意飲食的習慣，平常生病要看醫師，不要隨便亂服成藥，若要開刀住院，病情已經到了末期，任何的治療都無效，要有心理準備才好，在旅遊方面，出外會遭遇意外，有受傷的可能，應該要做好打算，來應付緊急狀況，想搬遷的話，沒有人來幫忙，自己又沒主張，計劃會一再拖延，無法順利完成。

第五首　聖笑笑

梅花似雪正芳菲　　江海漁父枉勞歸

夜靜風雲魚不餌　　滿船空載明月歸

籤曰：

身體健康方面，凡事不要逞強去做，特別是菸酒的習慣，要懂得拿捏分寸，才不會影響健康，若要開刀住院，舊疾再度復發，情況比先前還嚴重，要妥善的治療才好，在旅遊方面，沒有什麼意願參加，不喜歡舟車勞頓，成行的機會很小，想搬遷的話，過程會有阻礙，要趕快協調溝通，若再拖延下去，事情恐怕生變。

第六首　聖陰聖

富貴總是天注定　五穀豐登勝上年

共享太平歌舜日　含哺鼓腹樂堯天

籤曰：

　身體健康方面，雖然是小毛病，也不可以輕忽，平常要多運動來保持體力，若要開刀住院，進行得很順利，沒有節外生枝，讓你能放下心中的一塊大石頭，在旅遊方面，手邊的荷包滿滿，又有多餘的時間，若有人找你的話，就可以答應前往，想搬遷的話，會找到不錯的地點，事情進行得很順利，很快就能如願以償。

第七首　聖陰笑

鯉魚志氣本英雄　屈在池中運未通

一旦飛來頭角現　風雲聚會化成龍

籤曰：

　身體健康方面，要用心的調養休息，凡事不要太勉強，病情才會很快好轉，若要開刀住院，情況已經穩定許多，可以趁此機會進行，在旅遊方面，適合長途的旅行，應該提前規劃，雖然會有點勞累，但能滿足你的渴望，過

程會玩的很愉快。想搬遷的話，會考慮較遠的地方，目前沒有好消息，應該要耐心等待才好。

第八首　聖笑陰

皇天降下紫微星　　除妖滅莽得安寧
二十八宿扶聖主　　漢國江山再重興

籤曰：

身體健康方面，已經是老毛病了，自己要懂得控制，才不會讓其他人擔心，若要開刀住院，雖然是緊急手術，不過沒有什麼大礙，情況會慢慢的好轉，在旅遊方面，可以多比較行程，不要急著做決定，選擇喜歡的地點會比較理想，想搬遷的話，不知道該怎麼辦，幸好有貴人幫忙，能找到不錯的地點，可以馬上行動。

第九首　三陰首

鬼門關前遇無常　　鐵船遇海浪頭風
口愿冤恁如羅網　　爾欲知時災禍殃

籤曰：

身體健康方面，若不按照指示、病情控制不當，很有

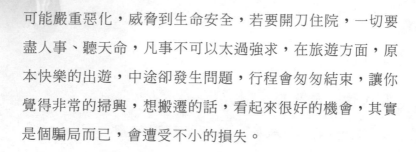

可能嚴重惡化，威脅到生命安全，若要開刀住院，一切要盡人事、聽天命，凡事不可以太過強求，在旅遊方面，原本快樂的出遊，中途卻發生問題，行程會匆匆結束，讓你覺得非常的掃興，想搬遷的話，看起來很好的機會，其實是個騙局而已，會遭受不小的損失。

第十首　陰陰聖

三藏取經注西天　路途險難得齊天
雲橫秦嶺家何在　雪擁藍關馬不前

籤曰：

身體健康方面，平常就要注意情況，不要等嚴重才就醫，有時恐會回天乏術，若要開刀住院，要尋找高明的醫生，趕快來進行治療，不要再延誤病情。在旅遊方面，路途會比想像中辛苦，沒有那麼平穩舒適，若真要成行的話，要準備妥當才行，想搬遷的話，現在的地點比較安穩，暫時不要考慮更換，情況會比較理想。

第十一首　陰陰笑

八仙過海赴蟠桃　龍王拋下藍采和
因奪玉枝兵力戰　彌陀慈悲來講和

籤曰：

　　身體健康方面，沒有什麼毛病，出外要注意安全，避免意外的發生，若要開刀住院，要遵照醫生的指示，按時的服藥及復健治療，就不會有問題，在旅遊方面，考慮目前的經濟條件，再決定是否可以成行，若無法負擔的話，就不要勉強答應，想搬遷的話，條件允許的話，可以提前行動，若還沒有的話，只能靜待時機。

第十二首　陰聖聖

　　夫婦有意兩相謀　　綢繆未合各成愁
　　萬事逢秋成大吉　　姻緣註定不湏求

籤曰：

　　身體健康方面，若目前有病在身的話，要趕快找醫生，就能夠即時治療，若要開刀住院，病情雖然嚴重，但已經有好轉跡象，應該持續的治療，在旅遊方面，可以找親朋好友組團，一同前往出國旅遊，將會進行得很順利，能夠玩的很開心愉快，想搬遷的話，可以透過他人幫忙，尋找適當的地點，會比較省時省力。

第十三首　陰笑笑

伏羲八卦最靈精　　六十甲子推五星
暗室虧心天地見　　舉頭三尺有神明

籤曰：

身體健康方面，按時服用藥物，不要隨便停用，過陣子就會痊癒，若要開刀住院，若病情一直沒有起色，要更換高明醫生，說不定會有進展，在旅遊方面，會有人邀請你出遊，彼此可以聯絡感情，你可以考慮答應，順便去散散心也不錯，想搬遷的話，要先了解資訊，多比較行情，不要急著動作，到時才不會吃虧上當。

第十四首　陰聖陰

張弓射月靜虛空　　朽木難雕枉用工
平生信念千聲佛　　做惡免燒萬枝香

籤曰：

身體健康方面，平時就要保養，不要等到出毛病，才在那裡後悔，若要開刀住院，剛開始還能控制住，但若中途疏忽的話，病情恐怕會嚴重惡化，在旅遊方面，會遇到許多狀況，像是財物遺失，或是行程受阻，使得旅途玩得

不怎麼盡興，想搬遷的話，現在進行的話，過程恐發生意
外，會有人員受傷，要特別小心注意。

第十五首　陰笑陰

　　昔日螳螂注捕蟬　　不疑黃雀在身邊
　　莫信此人直中直　　須防其心仁不仁

籤曰：

　　身體健康方面，小毛病一直都很多，碰到最近勞累的
關係，情況有加劇的現象，要有所警覺才好，若要開刀住
院，要先觀察一段時間，若情況非不得已，才考慮進行手
術治療，在旅遊方面，將會有接二連三的事情發生，最好
要做好心理準備，想搬遷的話，跟對方談妥的事情，恐怕
會臨時變卦，對方將會打退堂鼓。

第十六首　陰聖笑

　　牛郎織女本天仙　　阻隔銀河路沓然
　　百年富貴風中燭　　一旦榮華夢裡仙

籤曰：

　　身體健康方面，有問題就要特別注意，即時的預防勝

過將來的治療，若要開刀住院，情況不是很嚴重，應該不至於手術，不用太過擔心，在旅遊方面，可以跟情人一起同行，來培養彼此的感情，過程將充滿驚奇，會顯得越來越甜蜜，想搬遷的話，會有願意幫忙，介紹不錯的地點，應該感謝對方，找機會報答才是。

第十七首　陰笑聖

雷霆霹靂震震當空　　天罡差我查吉凶
積善之家必有慶　　積惡之家定住殃

籤曰：

身體健康方面，沒有什麼疾病困擾，生活作息正常就好，若要開刀住院，要先做萬全準備，先跟醫生好好商量，再進行手術也不遲，在旅遊方面，要選擇適當的行程，太過長途勞累的話，就盡量不要勉強參加，避免不愉快的發生，想搬遷的話，原本要放棄希望，結果喜從天降，找到的地點，比預期中的還要理想。

第十八首　三笑首

風田浪靜可行舟　　高聲歌舞樂悠悠
四皓八仙齊暢飲　　十八學士登瀛洲

籤曰：

身體健康方面，生活順心如意，只要保持愉快就好，若要開刀住院，手術比預期中順利，很快就進行結束，但是效果還不錯，調養後就能夠康復，在旅遊方面，可以去風光明媚，或是較田園鄉村的地方，將有意想不到的收穫，想搬遷的話，現在是時候了，應該趕快規劃進行，做好一切的準備，才能夠事半功倍。

第十九首　笑笑聖

日上東風吹散雲　　光明輕彩照乾坤
二十四氣盡清吉　　一年四季太平春

籤曰：

身體健康方面，由於懂得保養，原本的病痛已經好多了，暫時不會有事，若要開刀住院，病情能夠控制住，不會有太大問題，安心靜養就可以，在旅遊方面，讓一切順其自然，不要特意去經營，等到有空閒的時候，再跟三五好友一同前往，想搬遷的話，現在的地點也不錯，若嫌太過麻煩的話，暫時也不用急著搬遷。

第二十首　笑笑陰

一盞明燈對面休　主人有禍再添油

任他險處不見險　若有災禍到底休

籤曰：

身體健康方面，要聽進人家的建議，不要太過固執頑強，若要開刀住院，情況比想像中嚴重，應該快點進行治療，不然恐危及性命安全，在旅遊方面，不是很滿意規劃行程，會提出改變的要求，但不一定能照你的意思，要多加忍耐才好，想搬遷的話，由於自己拿不定注意，已經浪費不少時間，要趕快決定地點才好。

第二十一首　笑聖聖

太公釣渭八十秋　除商誅紂再興周

民安國定太平世　江山萬里任君遊

籤曰：

身體健康方面，若有問題的話，要趕快看醫生，不要拖延病情，才能夠及早治療。若要開刀住院，會透過別人的幫忙，而認識不錯的醫師，病情會有轉機出現。在旅遊方面，可以設計時間較長，或是去比較多地方的行程，玩

得會比較盡興開心，想搬遷的話，四處打探的結果，將有好消息傳出，可以找到不錯的地點。

第二十二首　笑聖笑

　　若要求財未得財　　只恐鬼賊相侵害
　　關門閉戶家中坐　　災禍皆從天上來

　　籤曰：

　　身體健康方面，臨時感到不舒服，多半是急性的疾病，若要開刀住院，用盡所有方法，卻沒有辦法挽救，只能走一步、算一步，在旅遊方面，途中會發生許多問題，恐怕會損失財產，或者造成傷害，要能謹慎小心、隨機應變才行，想搬遷的話，經濟陷入窘境，縱使有好的地點，也顯得有心無力，只能暫時打消念頭。

第二十三首　笑聖笑

　　魚在小澗上長灘　　小水難逃深處安
　　心虛不守誤君事　　夷齊餓死首陽山

　　籤曰：

　　身體健康方面，原本就有宿疾，要懂得節制生活，才

不會再度發作，若要開刀住院，病情一直沒有起色，應該做出最後決策，不可以再拖延下去，在旅遊方面，要注意出外的安全，特別是登山或戲水，才不會發生意外，想搬遷的話，沒有任何的消息，心理非常的著急，但卻一點辦法也沒有，只能夠耐心等待而已。

第二十四首　笑陰笑

囚人出獄上酒樓　　暢飲幾杯解心愁
有憂謹忍一時氣　　非干己事且相饒

籤曰：

身體健康方面，飲食要有所節制，特別是酒色方面，要適可而止才好，若要開刀住院，情況已經控制住，沒想像中那麼嚴重，可以暫時鬆一口氣，在旅遊方面，在附近郊外踏青就好，盡量避免長途跋涉，才不會顯得舟車勞頓，想搬遷的話，經過一段時間的尋找，卻沒有滿意的結果，會有想要放棄的念頭出現。

第二十五首　笑陰聖

三人異姓同一心　　桃園結義意情深
崑山美玉皆是寶　　我心是鐵變成金

籤曰：

身體健康方面，要注意人際的和諧，才不會被情緒困擾，若要開刀住院，會遇到高明的醫師，細心的照料之下，病情將會完全康復，在旅遊方面，偶爾也要放輕鬆，紓解工作壓力，可以找朋友組團參加，共度美好歡樂的時光，想搬遷的話，在不經意的情形下，看中了一間房子，覺得非常的滿意，將能順利談妥成交。

第二十六首　笑聖陰

釋迦化出妙色身　老君抱送玉麒麟
真宗求嗣聲賢子　梁迄禱丘產聖人

籤曰：

身體健康方面，平常要注意飲食均衡，盡量不要太過挑食，若要開刀住院，手術將會有風險，但若能夠誠心祈禱，就不會有問題出現，在旅遊方面，民族風味或宗教濃厚的地點，現在會比較適合前往，讓你能有想像的空間，想搬遷的話，可以透過他人幫忙，居中交涉來談判，效果會比較理想，能夠爭取最佳權益。

第二十七首 聖笑聖

落葉根在莫憂老　枯木逢春再發花

雖是中間羅進退　錢財到底屬王家

籤曰：

身體健康方面，原本的體質虛弱，自己要多加調養，不要操勞熬夜，就不會出問題，若要開刀住院，情況沒那麼嚴重，只是一般的手術，可以放心去執行，在旅遊方面，可以前往溫暖或熱帶的國家，會帶給你不錯的心情，達到休閒渡假的效果，想搬遷的話，想要執行就要趕快決定，拖拖拉拉的，會影響到工作情緒。

第二十八首 笑陰陰

今朝君臣離別凶　令沖天卓決有殃

項王勢敗烏江刎　屈原枉死汨羅江

籤曰：

身體健康方面，凡事不要逞強，要聽他人勸告，才能保持健康，若要開刀住院，是以前累積下來的毛病，現在情況變的嚴重，需要妥善治療，否則將會惡化，在旅遊方面，若沒有意願參加的話，不要勉強自己前往，以免當中

發生問題，想搬遷的話，要先與朋友商量，不要一意孤行，到時若吃虧上當，恐怕會欲哭無淚。

玄天大帝靈籤（感情婚姻）

第一首　三聖首

福如東海壽如山　　君爾何須苦中間

榮華富貴終到老　　太白天貴守身邊

籤曰：

感情運勢方面，現在正是春風得意，桃花朵朵開的時候，可以好好把握機會，尋找生命中的真愛，要挑選對象的話，最好是要門當戶對，條件不要相差太多，但若人品才華不錯，高攀就不會有問題，已經在交往的人，彼此能夠和諧相處，共同努力打拚未來，是契合的伴侶，婚姻方面，家庭能夠興隆，夫妻感情融洽。

第二首　聖聖笑

寶鏡團圓光如月　　琴瑟和鳴暢吾情

買賣婚姻皆如意　　登科一舉狀元名

籤曰：

感情運勢方面，沒有什麼阻礙，一切都很順利，追求時要誠心，態度不要隨便，比較能夠成功，要挑選對象的

話，要選擇興趣相符合的，這樣會比較有話題，感情進展會較順利，已經在交往的人，要考慮彼此的將來，事業上要有目標，才能保證有進一步結果，婚姻方面，另一半能夠幫助自己，事業跟財運都能如意。

第三首　聖聖陰

啞人得夢事難言　瞎子穿針逐難通
九曲明珠穿不過　孔子在陳必絕糧

籤曰：

感情運勢方面，不是說很理想，會有被拒絕的可能，但不用傷心難過，緣分自然會來到，要挑選對象的話，不要迷戀對方的美貌，卻忽略個性的差異，若勉強在一起的話，彼此也不會幸福，已經在交往的人，戀情不要進展太快，先要互相了解再說，否則會產生變化，婚姻方面，會為了錢的問題爭吵，雙方不歡而散。

第四首　聖陰陰

白虎出山欲害人　誤入羅網難脫身
害人之心則害己　蟲飛入火自傷身

籤曰：

感情運勢方面，意志方面要堅定，不要輕易被誘惑，要懂得保護自己，感情要看仔細才行，要挑選對象的話，對方可能有所企圖，不要太快答應交往，應該試探一陣子再說，已經在交往的人，彼此的感情有嫌隙，互相不信任對方，若無法復合修好，應該盡快協議分手，婚姻方面，夫妻感情不和睦，家庭氣氛不和諧。

第五首　聖笑笑

梅花似雪正芳菲　　江海漁父枉勞歸
夜靜風雲魚不餌　　滿船空載明月歸

籤曰：

感情運勢方面，若不是很想要談感情，就不要汲汲營營尋找，應該把心思放在其他地方才是，要挑選對象的話，要找懂得體貼自己的人，而且願意欣賞你的才華，彼此才能夠長久發展，已經在交往的人，熱戀終將會過去，一切都會趨向冷靜，現在是考驗彼此信任的時候，婚姻方面，彼此若不能同心，應該早點另尋歸宿。

第六首　聖陰聖

富貴總是天注定　五穀豐登勝上年

共享太平歌舜日　含哺鼓腹樂堯天

籤曰：

感情運勢方面，會有不錯的際遇，有貴人從旁幫忙，要懂得積極動作，才會有好的結果產生，要挑選對象的話，眼光不要太過嚴苛，要得過且過才好，否則很難有對象搭配，已經在交往的人，對方很關心你，讓你不用煩惱擔憂，你也要回饋對方的心意才行，婚姻方面，是前世修來的緣分，應該要好好珍惜。

第七首　聖陰笑

鯉魚志氣本英雄　屈在池中運未通

一旦飛來頭角現　風雲聚會化成龍

籤曰：

感情運勢方面，要加強本身的學識修養，學習各方面的才華技藝，才有辦法引起異性的青睞，要挑選對象的話，要從各方面去了解，不要只聽信片面之言，要親自去觀看才行，比較不會受到欺騙，已經在交往的人，難關即

將要度過，應該繼續忍耐，一切都會雨過天晴，婚姻方面，能夠患難與共，維持家庭事業。

第八首　聖笑陰

皇天降下紫微星　除妖滅莽得安寧

二十八宿扶聖主　漢國江山再重興

籤曰：

感情運勢方面，與他人有感情競爭，不要使用下流手段，以免心機曝光之後，反遭到批評，影響到名譽，要挑選對象的話，要選擇能夠信賴的人，就算對方目前的條件不理想，也要給對方一次機會才行，已經在交往的人，雖然中間發生誤會，但很快就能解釋清楚，婚姻方面，順其自然發展，不要特意強求。

第九首　三陰首

鬼門關前遇無常　鐵船遇海浪頭風

口應冤惢如羅網　爾欲知時災禍殃

籤曰：

感情運勢方面，會遇到桃花劫降臨，情慾要懂得節

制，不要太過放縱，不然恐惹禍上身，傷感情又損失金
錢，要挑選對象的話，盡量不要要求太高，否則將會自曝
其短，反讓人家瞧不起自己，已經在交往的人，要注意口
角風波，盡量息事寧人，不然恐怕會分道揚鑣，婚姻方
面，既然彼此有緣，就應該互相珍惜才是。

第十首　陰陰聖

三藏取經注西天　　路途險難得齊天
雲橫秦嶺家何在　　雪擁藍關馬不前

籤曰：

感情運勢方面，要觀察身邊的對象，說不定有機會正
等著，只是你沒有發覺而已，對方其實對你有好感，要挑
選對象的話，彼此剛開始會很陌生，所以有些事情會尷
尬，應該要循序漸進，會比較能夠適應，已經在交往的
人，要互相包容對方，不要為小事爭吵，感情會比較親
密，婚姻方面，先苦而後甘，能白頭偕老。

第十一首　陰陰笑

八仙過海赴蟠桃　　龍王拋下藍采和
因奪王枝兵力戰　　彌陀慈悲來講和

籤曰：

感情運勢方面，最近人緣非常旺盛，有認識新朋友的可能，可以從中尋找伴侶，過程相會非常順利，要挑選對象的話，對方的異性緣不錯，個性又外向開朗，若你無法接受的話，就應該趁早放棄，已經在交往的人，要信任對方的心意，不要疑神疑鬼的，才不會破壞感情親密，婚姻方面，是天賜良緣，能有幸福的結果。

第十二首　陰聖聖

夫婦有意兩相謀　綢繆未合各成愁
萬事逢秋成大吉　姻緣註定不須求

籤曰：

感情運勢方面，雖然目前沒有對象，但不用心急焦慮，應該放寬心等待，緣分自然會出現來到，要挑選對象的話，對方會主動前來，跟你表明心意，讓你非常的感動，應該要接受對方才是，已經在交往的人，會有阻礙在眼前，必須同心協力，就會安然無事，感情能夠長久，婚姻方面，能夠夫唱婦隨、甜蜜幸福。

第十三首　陰笑笑

伏羲八卦最靈精　六十甲子推五星

暗室虧心天地見　舉頭三尺有神明

籤曰：

感情運勢方面，若有喜歡的對象，要趕快行動告白，不要等到時機錯過，才在那裡懊惱悔恨，要挑選對象的話，要憑著自己的良心，不要想欺騙對方，感情要認真看待，才會有好的開始，已經在交往的人，要懂得對方的心情，時時刻刻體貼關懷，感情就會越來越甜蜜，婚姻方面，若能互相扶持，困難就不會發生。

第十四首　陰聖陰

張弓射月靜虛空　朽木難雕枉用工

平生信念千聲佛　做惡免燒萬枝香

籤曰：

感情運勢方面，暫時先管好自己，感情的事放一邊，以免衝動而耽誤了正事，要挑選對象的話，要先衡量自己的條件，千萬不要眼高手低，那將會自取其辱，感情會受到挫折，已經在交往的人，發生心結的時候，要冷靜的面

對處理，情緒化是無法解決問題的，婚姻方面，個性不相合，若無法容忍，彼此離婚難免。

第十五首　陰笑陰

昔日螳螂注捕蟬　不疑黃雀在身邊
莫信此人直中直　須防其心仁不仁

籤曰：

感情運勢方面，雖然心急想要交往，但不宜選在這個時候，要靜觀其變才好，要挑選對象的話，由於心態不正確，看中喜歡的對象，其實評價都不是很好，有可能遭受對方玩弄，已經在交往的人，對方不太適合你，就不要眷戀下去，應該另尋新歡，感情才會順利，婚姻方面，恐怕會有婚外情，破壞家庭的和樂。

第十六首　陰聖笑

牛郎織女本天仙　阻隔銀河路杳然
百年富貴風中燭　一旦榮華夢裡仙

籤曰：

感情運勢方面，將會遇到不錯的對象，透過介紹之後

能交往，雙方的親朋好友都深表贊同，要挑選對象的話，對方的才華出眾，讓你非常的欣賞，可以找機會認識，說不定可以聊的來，已經在交往的人，對方的條件不錯，你應該好好加油，否則將出現差距，影響感情的進展，婚姻方面，緣分天註定，能夠長長久久。

第十七首　陰笑聖

雷霆霹靂震當空　天罡差我查吉凶
積善之家必有慶　積惡之家定住殃

籤曰：

感情運勢方面，時機已經來到，會有人自動前來，跟你接觸了解，應該打開心防才是，要挑選對象的話，要懂得節制分寸，不要被沖昏了頭，感情要你情我願，不能互相勉強，已經在交往的人，是時候進一步發展，可以跟對方家人見面，有助彼此感情的穩定，婚姻方面，雖然有紛爭，但可順利解決，沒有什麼問題。

第十八首　三笑首

風田浪靜可行舟　高聲歌舞樂悠悠
四皓八仙齊暢飲　十八學士登瀛洲

籤曰：

感情運勢方面，看起沒有希望的緣分，中途將會產生變化，會其他因素介入干涉，反倒讓你如願以償，要挑選對象的話，要知道對方的為人，特別是私下的嗜好，不能夠只相信外表，而忽略其他的條件，已經在交往的人，要經常出遊約會，保持感情聯絡，就不會產生問題，婚姻方面，彼此情意相通，能夠永結同心。

第十九首　笑笑聖

日上東風吹散雲　光明輕彩照乾坤
二十四氣盡清吉　一年四季太平春

籤曰：

感情運勢方面，現在是好時機，能遇到合適的對象，要主動跟對方接觸，很可能進一步發展，要挑選對象的話，你很重視對方的才貌，但由於條件較高，必須耐心的等待，不用操之過急的尋找，已經在交往的人，不要辜負對方的情意，要找機會聯絡感情，戀情能夠更加甜蜜，婚姻方面，彼此相敬如賓、能夠恩愛。

第二十首　笑笑陰

一盞明燈對面休　主人有禍再添油

任他險處不見險　若有災禍到底休

籤曰：

　　感情運勢方面，皇天不負苦心人，終於找到理想的對象，應該掌握機會，馬上展開行動，要挑選對象的話，剛開始會遭受拒絕，但對方是有意試探，你應該保持鎮定，見機行事才是，已經在交往的人，彼此的關係密切，對方有可能求婚，若你願意答應的話，將能夠步上紅毯，婚姻方面，是前世的姻緣，今生來做償還。

第二十一首　笑聖聖

太公釣渭八十秋　除商誅紂再興周

民安國定太平世　江山萬里任君遊

籤曰：

　　感情運勢方面，緣分會比較晚出現，應該要先充實自我，等待時機的來臨，不可以因此荒廢怠惰，要挑選對象的話，不要隨便嫌棄對方的條件，要能夠發覺對方的優點所在，否則機會將錯過不再重來，已經在交往的人，彼此

要開誠佈公，不能存心欺騙，感情才不會中途生變，婚姻方面，彼此琴瑟和鳴，乃是天作之合。

第二十二首　笑聖笑

　　若要求財未得財　　只恐鬼賊相侵害
　　關門閉戶家中坐　　災禍皆從天上來

　　籤曰：

　　感情運勢方面，要懂得自我節制，聲色場所不要逗留，就能夠遠離桃色糾紛，要挑選對象的話，若只是貪圖外貌和金錢，那麼感情遲早會有變化，將沒有對象可以長相左右，要能夠記取教訓才好，已經在交往的人，會遭受對方的反叛，會私下另結新歡，造成感情的破裂，婚姻方面，會有外來的困擾，讓家庭不得安寧。

第二十三首　笑聖笑

　　魚在小澗上長灘　　小水難逃深處安
　　心虛不守誤君事　　夷齊餓死首陽山

　　籤曰：

　　感情運勢方面，目前心煩意亂，不適合處理感情，暫

時什麼都不要想，要挑選對象的話，可以先試探對方的態度，不要馬上就答應給機會，最好是觀察一段時間在說，已經在交往的人，要能夠滿足現況，不要心思浮動，受到外界的誘惑，而影響良好的感情，婚姻方面，若已經無法復合，就要當機立斷，結束這段關係。

第二十四首　笑陰笑

囚人出獄上酒樓　暢飲幾杯解心愁
有憂謹忍一時氣　非干己事且相饒

籤曰：

感情運勢方面，目前不適合談戀愛，身邊會有較多麻煩事，最好是暫時忍耐，等待時機的到來，要挑選對象的話，必須要誠心誠意，不能想欺騙對方，否則追求將會失敗，遭受眾人的責罵，已經在交往的人，跟對方有問題的話，要好好的溝通，不可以發脾氣，以免關係破裂，婚姻方面，要好好珍惜，失去就不會重來。

第二十五首　笑陰聖

三人異姓同一心　桃園結義意情深
崑山美玉皆是寶　我心是鐵變成金

籤曰：

感情運勢方面，有可能在出遊旅行，或是到外地出差時，遇到欣賞心動的異性，應該要把握機會行動，要挑選對象的話，要重視人品以及信用，而且要注意對方的交友情況，才不會吃虧上當，已經在交往的人，彼此的關係親密、無話不談，像是合作的夥伴，能有良好的結局，婚姻方面，天賜良緣，彼此能永結同心。

第二十六首　笑聖陰

釋迦化出妙色身　老君抱送玉麒麟
真宗求嗣聲賢子　梁迄禱丘產聖人

籤曰：

感情運勢方面，不用特意設定條件，要懂得隨遇而安的道理，緣份是無法勉強的，要能放寬心才好，要挑選對象的話，會有人從中牽線幫忙，一切不用太過擔心，順其自然發展就好，已經在交往的人，要努力增加本身條件，以獲得對方的信任，才不用擔心彼此的未來發展，婚姻方面，條件門當互對，可以和諧相處。

第二十七首　聖笑聖

落箕根在莫憂老　枯木逢春再發花

雖是中間羅進退　錢財到底屬王家

籤曰：

感情運勢方面，幾次的失敗經驗後，現在已經記取教訓，懂得如何面對問題，感情上會逐漸順利，要挑選對象的話，雖然有中意的對象，但卻遲遲沒有進展，經過許多波折之後，才能夠順利在一起，已經在交往的人，感情不是很穩定，恐怕會產生變化，要多加注意才好，婚姻方面，彼此要共同體諒，家庭才能夠維持。

第二十八首　笑陰陰

今朝君臣離別凶　令沖天卓決有殃

項王勢敗烏江刎　屈原枉死汨羅江

籤曰：

感情運勢方面，多擴展人際關係，認識新的朋友，主動積極的出擊，才會有收穫可言，要挑選對象的話，每個人都有可取的優點，若只看見外表膚淺的條件，就很容易會選錯對象，已經在交往的人，對方的個性喜怒無常，讓

你捉摸不定，彼此很難相處，恐怕因此分開，婚姻方面，抱持寬容的態度，來面對各種的難關。

濟公活佛靈籤

濟公，或稱濟公活佛、濟公禪師、濟
顛。他本姓李，名修元，又名心遠，
是宋朝時浙江台州（臨海）天台縣
人。父親李茂春，母親為王氏。
夫婦二人因年邁尚無子嗣，於
是日夜祈神求佛。某夜王氏
夢見一尊羅漢，贈以一朵
五色蓮花，王氏接過蓮花
吞食，不久便懷有身孕。
南宋紹興三年（西元11
33年）二月初二日產下
一子，夫婦一舉得男十
分歡喜，滿月時大宴
賓客，當時有高僧性
空，前來祝賀，賜名
「修元」。傳說他降
世的使命，是因如來
佛祖座前的大鵬鳥，
但因觸犯天條，私自
逃下凡塵，因此才降
龍羅漢（濟公）下凡
轉世，找尋大鵬鳥的
下落。濟公在塵世間，
也經歷各種‧難，在
歷經千辛萬苦後，終能完成了他下凡的使命。

濟公活佛靈籤簡介

濟公爲宋朝時天台人，俗名李修元。而濟公原本的父親姓李名茂春，在朝廷已經爲官多年，卻苦於膝下無子，而後夫妻倆日夜求神問佛，希望上天能賜一子。在一天夜裡，夫人夢見一尊羅漢，將一朵五色蓮花相贈，夫人接來卻一口吞下，從此就身懷六甲，順利產下男嬰。

濟公從小聰明過人，而且過目不忘，四書五經都朗朗上口，而且能倒背如流。十二歲時就中了秀才，成爲當地的神童。但不久之後，就不願意求上進，反而對佛經產生興趣，而且會常跑到寺廟，觀看並誦讀佛經。濟公的父親感到焦急，以爲這樣影響前途，趕緊定了一門親事，濟公雖然喜歡佳餚，而且很愛喝酒，但對於女色卻避之唯恐不及，於是偷偷逃離家門，跑到杭州靈隱寺，剃髮出家，遁入空門。濟公菩薩的法號「道濟」，又方便渡衆，佯裝癲狂，所以又叫做「濟癲和尙」。民間稱作「濟公」，佛敎則叫做「降龍羅漢」。

而後在靈隱寺出家，發生許多奇事。像是寺廟遭遇大火，需要木材重新建造，他就到山上以袈裟罩住山頭，將整座山的樹木連根拔起，隨江水流至杭州。濟公就告訴其他僧眾，木頭已經在香積井中，大家原本不相信，後來一起前往觀看，才發現六個壯漢，從井中吊出木材，而這六個壯漢就是六甲神錢來幫助。濟公在嘉定年間坐逝，安葬於虎跑塔中。

濟公活佛看似嘻笑怒罵、行徑瘋癲，平常爛醉如泥、裝瘋賣傻，但實際上，一舉一動暗藏禪機，給予眾生當頭棒喝，藉此來開示渡化，天下執迷不悟的眾生。台灣民間對濟公的信仰，本來不算是很普遍，但大家樂的興起，使得濟公的廟宇跟神壇，一下子多了起來，民間的法會當中，也有很多濟公的乩童，走在進香的隊伍中，據說還真會出明牌給信眾。

靈籤說明與案例導讀

關於靈籤的由來，若有前往寺廟拜拜，就會知道那是什麼，其實也就是占卜問卦，只不過對象不相同，內容項目也不同，一般人都會好奇想抽籤，不然就是遭遇到困

難，或是難以決定的事情，所以想請求神明指點，在從前的社會中，對於信仰相當虔誠，所以抽籤是重大的事，絕對不可以馬虎，必須要準備牲禮，鮮花五果，並且焚香禱告，然後再利用擲筊的結果，來確定能否抽籤，以及確定抽到的籤，就是神明所要傳達的旨意。而現在人雖然文明，很多事能自行處理，很少有機會到廟裡抽籤，或者根本沒時間前往，但人難免會有疑惑，陷入無助的情況，這時就可以利用靈籤，來幫助我們解答疑惑，或許就會有所幫助。

靈籤的使用除了傳統的方式，也就是擲筊抽籤之外，也有很多種其他方式，只要是心誠就會靈驗，而不用太在意形式。以下提供的方式，適用於各種靈籤，內容只是作為參考，而不是說一種靈籤只能有一種方式，或特定方式才能使用。

案例一：濟公靈籤

首先準備一副撲克牌，利用撲克牌來抽籤。

一、先知道靈籤的數目，像是二十八籤、或三十二籤。若假設是二十八籤。

二、接著利用撲克牌求十位數，任意抽出一支牌後，假設得出13點，13點必須除以3求餘數，得出餘數等於1，那麼十位數就是1。

三、接著利用撲克牌求個位數，任意抽出一張牌後，假設得出6點，6點不用除以10求餘數，那麼個位數直接就是6。(若投抽出10點以下，就可以直接當成個位數，不必再求餘數，若10剛好整除，就剛好等於0，但若十位數跟個位數都是0時，就必須要重新抽籤)

四、尋找濟公靈籤第十六籤，並依照所求事項，來觀看靈籤解答。

五、假設是詢問【愛情】，則靈籤解答如下：

第十六籤　上

運退黃金變色　時來頑鐵生光
富貴命中註定　和須日夜徬徨

籤曰：

愛情運勢來說，要追求對象的話，只要誠心誠意的追求，對方終究會被感動，而願意接受你的情意，已經在交往的人，姻緣是天註定，彼此默契十足，是對神仙伴侶，

事業運方面，有工作的人，主管對你很看重，你應該要加
把勁，來提升自我實力，想求職的話，只要不斷的尋找，
等時來運轉的話，自然會有人提拔。

案例二：濟公靈籤

　　首先準備一副撲克牌，利用撲克牌來抽籤。

　　一、先知道靈籤的數目，像是二十八籤、或三十二
籤。若假設是二十八籤。

　　二、接著利用撲克牌求十位數，任意抽出一支牌後，
假設得出點10，10點必須除以3求餘數，得出餘數等於1，
那麼十位數就是1。

　　三、接著利用撲克牌求個位數，任意抽出一張牌後，
假設得出4點，4點不用除以10求餘數，那麼個位數直接就
是4。(若投抽出10點以下，就可以直接當成個位數，不必
再求餘數，若10剛好整除，就剛好等於0，但若十位數跟個
位數都是0時，就必須要重新抽籤)

　　四、尋找濟公靈籤第一十四籤，並依照所求事項，來
觀看靈籤解答。

五、假設是詢問【財運】，靈籤解答如下：

第十四籤　中

指望金單大道成　屢經爐火未純青

要知九轉功完日　龍虎還須配合精

籤曰：

愛情運勢來說，要追求對象的話，讓自己先改頭換面，增加本身異性緣，會吸引較多人的注意，已經在交往的人，個性是很難改變的，要先順從對方脾氣，再慢慢的溝通商量，才不會發生爭吵，事業運方面，有工作的人，從實際的行事，加以磨練經驗，就能夠成大器，想求職的話，暫時沒有下落，但過陣子就有消息。

案例三：濟公靈籤

首先準備一副撲克牌，利用撲克牌來抽籤。

一、先知道靈籤的數目，像是二十八籤、或三十二籤。若假設是二十八籤。

二、接著利用撲克牌求十位數，任意抽出一支牌後，

假設得出點6，6點必須除以3求餘數，得出餘數等於0，那麼十位數就是0。

三、接著利用撲克牌求個位數，任意抽出一張牌後，假設得出13點，13點要除以10求餘數，那麼餘數為3，個位數就是3。(若投抽出10點以下，就可以直接當成個位數，不必再求餘數，若10剛好整除，就剛好等於0，但若十位數跟個位數都是0時，就必須要重新抽籤)

四、尋找濟公靈籤第三籤，並依照所求事項，來觀看靈籤解答。

五、假設是詢問【人際】，靈籤解答如下：

第三籤　下

春日鬥芳菲　漫誇桃李色
天氣值隆冬　後凋和松柏

籤曰：

在人際關係上，因為與人發生摩擦，彼此產生嚴重心結，若不趕快想辦法解決，事情將越滾越大，而無法收捨善後，應該要放下身段，好好溝通商量才行，在財運方

面，暫時要量入爲出，不要超出了預算，經濟就勉強還能生活，想要投資的話，中途會發生變故，要懂得及時收手，將資金給抽回來，才不會造成損失。

濟公活佛（財運人際）

第一籤　上

君是人間第一儔　而今鴻運正當頭

喜逢三五團圓月　名利雙收不待求

籤曰：

在人際關係上，最近將有曝光的機會，知名度會人人提昇，由於你才華能力受到肯定，外表顯得相當有自信，走到哪裡都很有人緣，能認識不少的新朋友，在財運方面，上班族有加薪的可能，做生意者能財源廣進，想要投資的話，可以藉目前的情勢，順其自然來發展，不要特意的去操作，就能夠有豐富的收穫。

第二籤　中

潮平兩岸闊　風正一帆懸

千里江陵路　輕舟任往還

籤曰：

在人際關係上，要主動前去拜訪他人，彼此建立良好的關係，對於日後將會有幫助，其中有幾個會是你的貴

人，會在你危難的時候出現，適時拉拔你一把，在財運方面，手頭漸漸寬裕起來，但花費仍要精打細算，才不會有奢侈浪費的現象，想要投資的話，觀看環境的趨勢，配合自己的判斷，踏實行事將能夠成功。

第三籤　下

春日鬥芳菲　漫誇桃李色

天氣值隆冬　後凋和松柏

籤曰：

在人際關係上，因為與人發生摩擦，彼此產生嚴重心結，若不趕快想辦法解決，事情將越滾越大，而無法收捨善後，應該要放下身段，好好溝通商量才行，在財運方面，暫時要量入為出，不要超出了預算，經濟就勉強還能生活，想要投資的話，中途會發生變故，要懂得及時收手，將資金給抽回來，才不會造成損失。

第四籤　上

滿招損　謙受益

保泰持盈　貽謀燕翼

籤曰：

在人際關係上，雖然自己頗有才氣，但不能因此志得意滿，還是要不停的努力學習，去面對週遭新的挑戰，越是謙虛爲懷，越能夠得到別人的肯定與支持，在財運方面，眼光要放的遠，若只顧眼前利益，格局將會被限制住，想要投資的話，做不來的事情，不要勉強去執行，衝動急躁只會壞事，要循序漸進的發展。

第五籤　中

剖石得玉　披沙得珠
得之有命　可著可儲

籤曰：

在人際關係上，要多了解他人的想法，週遭會有不錯的人才，對方與衆不同的見解，會開啓你的新視野，有助於你對事物的思維，能從中找出自己的道路，在財運方面，原本無心插柳的舉動，會帶來意外的進帳，讓你笑得合不攏嘴，想要投資的話，別人所忽略的細節，要能夠深入去觀察，就能發現致富的關鍵。

第六籤　下

門庭式微　家道中落
宵小陰謀　重重剋剝

籤曰：

在人際關係上，表現太過出鋒頭，會遭人家暗中忌
妒，會有被造謠詆謗，破壞計劃的現象，行為舉止要能收
斂，並且懂得察言觀色，問題就不會繼續擴大，在財運方
面，維持目前的情況，不要想有所改變，才能夠順利平
穩，想要投資的話，進行計劃很可能失敗，有相當的財務
損失，特別是合夥的話，更要謹慎小心。

第七籤　上

前有銅山　後有金穴
人在其中　泉源不竭

籤曰：

在人際關係上，出外會認識新的朋友，對方能力跟條
件不錯，家世背景也相當優秀，很值得持續交往下去，會
是有用的人脈資源。在財運方面，會有貴人做靠山，提供
賺錢的消息，讓你一切都很順利，將有進財的機會，想要

投資的話，很適合做店面生意，但環境要仔細評估，地點以人潮衆多爲佳，才能有利可圖。

第八籤　中

歲逢大旱　莫慰群生
雲霓盼望　忽沛甘霖

籤曰：

在人際關係上，眞心誠意的付出，卻沒有得到回饋，反而是對方的批評與不滿，讓你非常的氣憤，但應該冷靜反省，是否有得罪之處，若能化解隔閡，關係將更加親密。在財運方面，還不是很順暢，遭遇較多阻礙，要放寬心等待才好，想要投資的話，注意資金的週轉，恐怕會出現短缺，要先想好後路，才能執行計劃。

第九籤　下

人若不知足　得隴還望蜀
禍福本遁環　暗中相倚伏

籤曰：

在人際關係上，交朋友要相互尊重、信任合作，若只

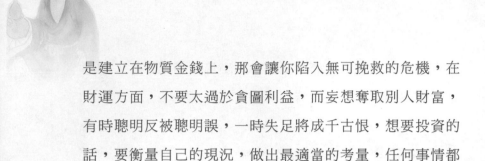

是建立在物質金錢上，那會讓你陷入無可挽救的危機，在財運方面，不要太過於貪圖利益，而妄想奪取別人財富，有時聰明反被聰明誤，一時失足將成千古恨，想要投資的話，要衡量自己的現況，做出最適當的考量，任何事情都存在風險，投機取巧將面臨失敗。

第十籤　上

利權子母　生生不息
信步前行　無虞傾跌

籤曰：

在人際關係上，想要創業發展的話，會獲得家人與朋友的支持，而不用擔心後面的援助，可以放手大膽去做，成功將指日可待。在財運方面，要注意本身信用，借貸要按時歸還，日後才方便行事，想要投資的話，除了熟悉的項目行業之外，最後是選擇相關的產業，這樣風險會有效降低，連帶產生的利益將更大。

第十一籤　中

人能好善　天必降福
子孫世守　源遠流長

籤曰：

在人際關係上，多關心週遭的朋友，幫助需要協助的人，不要太過斤斤計較，等哪天陷入了困難時，大家才會願意伸出援手，在財運方面，要懂得勤儉節約，不要過度的浪費，要替未來的日子著想，財源就能夠細水長流，想要投資的話，選定目標就要堅持，不要輕易半途而廢，那反而沒有效果，會增加投資的風險。

第十二籤　下

千金之子　坐不垂堂

謹防失足　勒馬收韁

籤曰：

在人際關係上，要懂得選擇朋友交往，若被壞朋友給慫恿影響，而做出損人不利己的事，前途將會大受影響，在財運方面，會有被倒債的事情，跟人家有糾紛訴訟，讓你顯得心力憔悴，想要投資的話，情勢沒有想像中好，有每況愈下的現象，暫時要避避風頭，不要主動出擊，否則將血本無歸，還可能負債累累。

第十三籤　上

田園種植　灌溉宜勤

培養得法　大好收成

籤曰：

在人際關係上，個性要開朗，帶有陽光的笑容，會讓人覺得親切，自動就會想要認識你，趁此機會多結交朋友，對於往後的事業發展，可提供重要的支助，在財運方面，基礎相當的穩固，順勢而為就可以，想要投資的話，要考慮長期的效益，不要急於一時的賺錢，有些情況是很難預料的，謹慎理財會比較妥當。

第十四籤　中

指望金丹大道成　屢經爐火未純青

要知九轉功完日　龍虎還湏配合精

籤曰：

在人際關係上，脾氣方面要控制，做事情要明理，不要隨便就動怒，那只會破壞和諧，要時時提醒自己，就能夠發揮實際功效，在財運方面，會遇到貴人的幫忙，而有意想不到的發展，將有機會賺到財富，想要投資的話，要

貳、濟公活佛靈籤簡介

先了解有哪些管道，以及可供利用的資訊，不要貿然聽信他人讒言，才不會造成損失。

第十五籤　下

做事休顛倒　顛倒煩惱生
坦白向前途　減卻愁多少

籤曰：

在人際關係上，對方會存心設計陷害，不是真心希望跟你交往，自己要有所警覺，不要等到問題發生，吃虧上當了以後，才在那邊懊悔不已，在財運方面，要按部就班的行事，不要想走旁門左道，只會使財富更加的流失，想要投資的話，選擇公開的管道，比較有法律保障，而性質較不正當的，就應該拒絕參與投入。

第十六籤　上

運退黃金變色　時來頑鐵生光
富貴命中註定　和湏日夜滂湟

籤曰：

在人際關係上，要仔細挑選身邊朋友，多跟有才華、

我的第一本求籤解惑書

有能力的人交談，加以提升自己的見地，而對於事物的看法，將有更上一層樓的可能，在財運方面，目前窘境不用擔心憂慮，努力打拚就會有好成績，想要投資的話，時機非常的適合，條件也已經成熟，應該主動的出擊，盡心盡力的投入，就會獲得豐厚利益。

第十七籤　中

人給足　家富饒

喜中有喜　快奪錦標

籤曰：

在人際關係上，家人會很照顧你，朋友對你非常好，無論遇到什麼困難，都會願意傾聽心聲，應該要感到知足常樂，不要有什麼抱怨批評，在財運方面，還算的上自給自足，沒有什麼太大困擾，專心工作就能夠維持，想要投資的話，可以透過人際關係，尋找適合的項目，做好財務的規劃，就放心的實際去操作。

第十八籤　下

沙裡淘金　事非容易

費盡人工　所得無幾

籤曰：

在人際關係上，情緒陷入低潮當中，做什麼都不順心如意，應該好好的靜靜思考，暫時不要有太多交際應酬，能降低煩惱憂慮，在財運方面，沒有什麼好機會，應該暫時等待，不要輕舉妄動，才不會有所損失，想要投資的話，進行中的計劃，臨時出現問題，若無法解決的話，應該急流湧退而抽身，才能夠減輕負擔。

第十九籤　上

三陽開泰喜逢春　萬物資生氣象新
幸得東風齊得力　須教草木有精神

籤曰：

在人際關係上，會認識有利的靠山，應該前往拜訪討教，來建立良好的關係，說不定以後就有機會，能夠共同合作來創業。在財運方面，先前辛勤的付出，現正是回收之時，會有可觀的進帳，可供你隨心所欲的運用，想要投資的話，可前往地點勘查，親自詳加考證，是否有這個經濟價值，然後再做出決定也不遲。

第二十籤　中

黃金埋土深　發掘終難得

湏有指點人　窖藏乃可獲

籤曰：

在人際關係上，身邊的朋友裡面，不乏有智識才華的人，有空時可多交流些許的寶貴意見，將會是成功關鍵所在。在財運方面，要腳踏實地的行事，不要整天癡心妄想，游手好閒無助於財運，想要投資的話，若不知道該怎麼辦，可以請教專業人士，讓他們為你量身訂做，做好妥善的理財規劃，情況將會比較理想。

第二十一籤　下

經商勞苦　跋涉關河

中途遇險　平地風波

籤曰：

在人際關係上，會被捲入他人的糾紛，各方面都會受到影響，自己顯得相當無奈，行事應該保守低調，靜靜等待風波過去，能減少無謂的紛爭，在財運方面，手頭會有些緊縮，是由於透支的關係，應該改善消費習慣，想要投

資的話，過程剛開始很順利，但經過一段時間後，情況就
完全走樣了，比預期中的還要糟糕。

第二十二籤　　上

　　風入松林　　聲震萬壑

　　怒湧波濤　　龍吟山谷

籤曰：

　　在人際關係上，要多利用身邊的關係，替自己營造成
功機會，短期內知名度將會提昇，有助於事業上的發展，
在財運方面，要堅持原有的態度，保持一定的步調節奏，
才能夠慢慢開展財源，想要投資的話，要勇於嘗試不同的
商機，做決策時要直接果斷，猶豫不決的同時，將增加失
敗的風險，這是需要特別注意的。

第二十三籤　　中

　　上古燧人　　鑽木取火

　　春夏秋冬　　四時皆可

籤曰：

　　在人際關係上，會有前往旅行的機會，可邀請身邊朋

友參加，彼此可以聯絡感情，將會有意想不到的收穫，在財運方面，若有額外的支出，自己沒辦法應付，應該跟朋友籌措，不要不好意思開口，想要投資的話，只要時機環境成熟，手邊有多餘的資金，就可以尋找適合的項目，然後做好妥善的規劃，自然就能夠獲利。

第二十四籤　下

處境不順　切勿妄求
前行阻滯　宜早回頭

籤曰：

在人際關係上，與人容易發生衝突，多半是彼此觀念不合，要找人居中協調才行，不要私下進行談判解決，以免發生更嚴重的問題。在財運方面，若勉強出頭替他人做保，將會遭受牽連拖累，經濟情況將大受影響，想要投資的話，已經超出了負荷，嚴重的影響生活，凡事都要適可而止，否則的話將玩火自焚。

第二十五籤　上

楊柳綠蔭中　溪邊坐釣翁
垂竿魚可得　沽酒醉春風

籤曰：

　財運運勢來說，由於詳細的規劃，加上耐心的等待，終於有了好機會，應該要順勢而爲，積極的努力爭取，就可以如願以償，賺進不少的財富，人際關係方面，出外要謙虛爲懷，不可以得罪他人，凡事往好處著想，就不會產生煩惱，若要合夥做生意，個性要能合得來，且不能衝動行事，自然就可以成功，獲得利益。

第二十六籤　中

　　君子固窮　　逆來順受
　　樂天知命　　其道永久

籤曰：

　財運運勢來說，暫時不是很理想，必須要量入爲出，如果眞的有困難，不妨就求助他人，用不著不好意思，自己才不會煩惱，而顯得悶悶不樂，人際關係方面，會遭受他人批評，但應該虛心檢討，不可以反駁他人，以避免衝突發生，若要合夥做生意，環境的趨勢改變，最好是靜觀其變，不要急著行動，以免有損失。

第二十七籤　下

泰運注　否運來
陰太盛　陽必衰

籤曰：

財運運勢來說，先前借人家的錢，中途被人家倒債，自己成了冤大頭，將陷入困境當中，經濟負擔變得沉重，讓你是欲哭無淚。人際關係方面，跟人家發生誤會，一時間無法澄清，加上對方態度強硬，情況會顯得尷尬。若要合夥做生意，與人發生了口角，爭執相當的激烈，若遲遲無法妥協，很可能面臨拆夥。

第二十八籤　中

蒼松倚修竹　忽露楓葉丹
休嫌顏色改　芳信此中探

籤曰：

財運運勢來說，因為朋友的幫助，情況漸漸好轉，比較有好消息，不會那麼辛苦，應該要積極把握，並且妥善的安排，自然就會有進帳，人際關係方面，不要太斤斤計較，彼此要留點空間，就算有誤會發生，也不至於太尷

貳、濟公活佛靈籤簡介

尬，若要合夥做生意，面對問題的時候，要好好坐下來
談，不要先懷疑對方，否則將產生誤會。

濟公活佛（愛情事業）

第一籤　上

> 君是人間第一儔　而今鴻運正當頭
> 喜逢三五團圓月　名利雙收不待求

籤曰：

　　愛情運勢來說，要追求對象的話，應該大膽積極的行動，抓準時機來真情告白，就有戀愛成功的機會，已經在交往的人，會有許多好事發生，讓彼此心情愉快，感情能夠更甜蜜，事業運方面，有工作的人，身旁會有貴人提拔，前途將更上一層樓，想求職的話，能夠順心如意，找到適合的職務，薪水待遇還算不錯。

第二籤　中

> 潮平兩岸闊　風正一帆懸
> 千里江陵路　輕舟任往還

籤曰：

　　愛情運勢來說，要追求對象的話，選擇的機會很多，不要急著下決定，要多相處了解，才知道對方適不適合，

已經在交往的人，最近沒有什麼問題，滿適合約會來聯絡感情，事業運方面，有工作的人，會有發揮才能的機會，要盡量的表現爭取，自然會出人頭地，想求職的話，順應潮流時勢，所找的工作會比較穩定。

第三籤　下

春日鬥芳菲　漫誇桃李色

天氣值隆冬　後凋和松柏

籤曰：

愛情運勢來說，要追求對象的話，對方會拒絕你的要求，認爲彼此不適合，應該死了這條心，另外尋找對象才是，已經在交往的人，關係陷入膠著狀態，彼此會有心結產生，最好冷靜的來處理，事業運方面，有工作的人，恐怕遇到刁難，無處發洩怨氣，暫時忍耐才好，想求職的話，還沒有消息，應該繼續尋找才是。

第四籤　上

滿招損　謙受益

保泰持盈　貽謀燕翼

籤曰：

愛情運勢來說，要追求對象的話，對方條件不錯，要加把勁努力，花點心思討好，就很容易成功，已經在交往的人，你很照顧疼惜對方，對方會感激在心，願意為你犧牲奉獻，事業運方面，有工作的人，雖然平步青雲，也不能得意忘形，以免引來批評諷刺，想求職的話，展現出良好態度，將獲得青睞，有希望錄取。

第五籤　中

剖石得玉　披沙得珠
得之有命　可著可儲

籤曰：

愛情運勢來說，要追求對象的話，外表不起眼的異性，其實都非常有內涵，多接觸自然就會了解，已經在交往的人，要多欣賞對方優點，不要老是充滿抱怨，關係才不會變糟糕，事業運方面，有工作的人，近期內會被重視，而接管其他職務，責任將更為重大，想求職的話，才能會被肯定，對方很需要你，將會被錄取。

第六籤　下

門庭式微　家道中落

宵小陰謀　重重剋剝

籤曰：

愛情運勢來說，要追求對象的話，對方將有所企圖，若沒有發現的話，很可能被人給利用，已經在交往的人，雙方家人強烈反對，產生很大阻礙困擾，恐怕無法長相廝守，事業運方面，有工作的人，會有小人出現，破壞名聲信譽，讓你不得安寧，要多加的留意，想求職的話，沒想像中那麼美好，做沒多久就會辭職。

第七籤　上

前有銅山　後有金穴

人在其中　泉源不竭

籤曰：

愛情運勢來說，要追求對象的話，增加自己的條件，多充實才華技能，自然就交得到好對象，已經在交往的人，對方盡心盡力付出，別身在福中不知福，要懂得適時的回饋，事業運方面，有工作的人，源源不絕的靈感，寫

出優秀的文案，會讓人刮目相看，想求職的話，是份待遇不錯的工作，但要拿出真本事才行。

第八籤　中

歲逢大旱　莫慰群生
雲霓盼望　忽沛甘霖

籤曰：

愛情運勢來說，要追求對象的話，機緣就出現在眼前，對方讓你十分心動，過程將會充滿了美好，已經在交往的人，要收斂脾氣，多關心對方，能夠體諒的感情，才有幸福可言，事業運方面，有工作的人，堅持不懈的努力，終於順利突破瓶頸，享受甜美成果，想求職的話，臨時的工作，雖然不滿意，但勉強能接受。

第九籤　下

人若不知足　得隴還望蜀
禍福本循環　暗中相倚伏

籤曰：

愛情運勢來說，要追求對象的話，若容易見異思遷，

對方感到不安全，結果恐怕面臨失敗，已經在交往的人，不要隨意腳踏兩條船，以為神不知鬼不覺，否則下場將很淒慘，事業運方面，有工作的人，要能安分守己，不要癡心妄想，就不會惹禍上身，想求職的話，與其羨慕別人，不如自己奮鬥，才能有好工作。

第十籤　上

利權子母　生生不息
信步前行　無虞傾跌

籤曰：

愛情運勢來說，要追求對象的話，有人熱心來幫忙牽線，對方會留下深刻的印象，會願意和你嘗試發展，已經在交往的人，彼此攜手共度難關，就什麼問題都不怕，事業運方面，有工作的人，遇到困難不用緊張，多請教他人就可以，最怕是放不下身段，想求職的話，碰壁不是難題，只要堅持原則，就會有好消息。

第十一籤　中

人能好善　天必降福
子孫世守　源遠流長

籤曰：

愛情運勢來說，要追求對象的話，人緣要靠自己培養，再從中去認識異性，就有信心展開行動，已經在交往的人，不要太斤斤計較，要懂得包容缺失，感情才會更親密，事業運方面，有工作的人，由於過去的努力，現在已開花結果，將能夠名利雙收，想求職的話，可請長輩幫忙，不要不好意思，要懂得運用關係。

第十二籤　下

千金之子　坐不垂堂
謹防失足　勒馬收韁

籤曰：

愛情運勢來說，要追求對象的話，用物質作標準的話，感情是無法長久的，還可能傷害了他人，已經在交往的人，受到誘惑時，要懂得節制，以避免糾紛，事業運方面，有工作的人，有懶惰鬆懈的心態，最好趕快調整過來，否則將會出現差錯，想求職的話，若不願腳踏實地，整天想著白日夢，結果會一事無成。

第十三籤　上

田園種植　灌漑宜勤

培養得法　大好收成

籤曰：

愛情運勢來說，要追求對象的話，慢慢培養感情，不用急著表示，當時機成熟了，自然就會在一起，已經在交往的人，若有共同的興趣，朝目標發展前進，就會有好的結果，事業運方面，有工作的人，只問耕耘、不問收穫，就能從工作中得到啓發，對於將來前途將有幫助，想求職的話，主動去爭取，就能得到工作。

第十四籤　中

指望金單大道成　屢經爐火未純青

要知九轉功完日　龍虎還須配合精

籤曰：

愛情運勢來說，要追求對象的話，讓自己改頭換面，增加本身異性緣，會吸引較多人的注意，已經在交往的人，個性是很難改變的，要先順從對方脾氣，再慢慢的溝通商量，才不會發生爭吵，事業運方面，有工作的人，從

實際的行事，加以磨練經驗，就能夠成大器，想求職的話，暫時沒有下落，但過陣子就有消息。

第十五籤　下

做事休顛倒　顛倒煩惱生
坦白向前途　減卻愁多少

籤曰：

愛情運勢來說，要追求對象的話，對方對你沒什麼好感，所以不怎麼理睬你，你要知難而退才好，已經在交往的人，彼此個性觀念不合，趁早分開才不會互相傷害，事業運方面，有工作的人，不用心思的緣故，辦事效率低落，經常會出紕漏，前途令人擔憂，想求職的話，到處都找不到，顯得相當慌亂，要靜下心才好。

第十六籤　上

運退黃金變色　時來頑鐵生光
富貴命中註定　和潰日夜徬徨

籤曰：

愛情運勢來說，要追求對象的話，只要誠心誠意的追

求，對方終究會被感動，而願意接受你的情意，已經在交往的人，姻緣是天註定，彼此默契十足，是對神仙伴侶，事業運方面，有工作的人，主管對你很看重，你應該要加把勁，來提升自我實力，想求職的話，只要不斷的尋找，等時來運轉的話，自然會有人提拔。

第十七籤　中

人給足　家富饒

喜中有喜　快奪錦標

籤曰：

愛情運勢來說，要追求對象的話，將會有競爭者出現，要加緊腳步來行動，才不會被人捷足先登，已經在交往的人，彼此有一定的認識，感情能進一步發展，事業運方面，有工作的人，穩定中能有發展，只要好好的保持，就能夠順心如意，想求職的話，用表現來爭取待遇，是比較實際的做法，而用不著有所埋怨。

第十八籤　下

沙裡淘金　事非容易

費盡人工　所得無幾

籤曰：

愛情運勢來說，要追求對象的話，條件根本不匹配，就別再白費功夫，另外找尋對象會比較理想，已經在交往的人，會為了錢的問題爭吵，充滿著相當大的歧見，恐怕會因此鬧分手，事業運方面，有工作的人，若想不勞而獲的話，那簡直是痴人說夢，乖乖努力比較實際，想求職的話，都沒有消息，只能夠舉債度日。

第十九籤　上

三陽開泰喜逢春　萬物資生氣象新
幸得東風齊得力　須教草木有精神

籤曰：

愛情運勢來說，要追求對象的話，經過上次的教訓，知道自己的缺點，就不會那麼固執，過程將會順利成功，已經在交往的人，要多鼓勵對方，陪伴對方成長，感情基礎才會堅固，事業運方面，有工作的人，有貴人前來幫忙，事業能錦上添花，有升官加薪的可能，想求職的話，很快就能找到，是份待遇不錯的職務。

第二十籤　中

黃金埋土深　發掘終難得

須有指點人　窖藏乃可獲

籤曰：

　　愛情運勢來說，要追求對象的話，有人偷偷暗戀你，但你卻都沒發覺，應該多觀察週遭，說不定就有機會，已經在交往的人，愛就要說出口，對方才能感受到，就不會胡思亂想，事業運方面，有工作的人，可以趁機轉換跑道，規劃不同的生涯，不要老是原地踏步，想求職的話，要多方面去嘗試，不要害怕會失敗。

第二十一籤　下

經商勞苦　跋涉關河

中途遇險　平地風波

籤曰：

　　愛情運勢來說，要追求對象的話，會遇到波折阻礙，遲遲無法在一起，甚至會有遺憾發生，而導致情感創傷，已經在交往的人，彼此信任會受到考驗，若無法繼續堅持下去，將會走向分開一途，事業運方面，有工作的人，壓

力十分沉重，應該振作起來，才不會被困難擊倒，想求職
的話，四處碰壁，也只能暫時等待。

第二十二籤　上

風入松林　聲震萬壑
怒湧波濤　龍吟山谷

籤曰：

愛情運勢來說，要追求對象的話，行動要大膽積極，
拐彎抹角不是辦法，反而帶來負面的影響，已經在交往的
人，像互相信任的夥伴，將能共創一番事業，事業運方
面，有工作的人，帶著破釜沉舟的決心，任何難關都能突
破，而得到想要獲得的結果，想求職的話，有人主動邀
請，請你擔任要職，可以好好考慮。

第二十三籤　中

上古燧人　鑽木取火
春夏秋冬　四時皆可

籤曰：

愛情運勢來說，要追求對象的話，不要太堅持原則，

應該要放下身段，仔細傾聽對方心聲，才有辦法擦出火花，已經在交往的人，可以多陪對方出遊，增加彼此相處時間，感情才會更甜蜜，事業運方面，有工作的人，要懂得察言觀色，來適應週遭情勢，就能利於不敗之地，想求職的話，能如願以償，找到好工作。

第二十四籤　下

處境不順　切勿妄求
前行阻滯　宜早回頭

籤曰：

愛情運勢來說，要追求對象的話，對方跟你不適合，不要癡心妄想，才不會發生問題，而影響到自己，已經在交往的人，雙方陷入冷戰當中，彼此失去信任，恐怕難以挽回，事業運方面，有工作的人，將會遇到麻煩，若不尋求幫助，情況拖延下去，最後可能會無法收捨，想求職的話，注意工作內容，就不會受騙上當。

第二十五籤　上

楊柳綠蔭中　溪邊坐釣翁
垂竿魚可得　沽酒醉春風

籤曰：

　　愛情運勢來說，要追求對象的話，會有貴人介紹，幫忙暗中牽線，讓你非常滿意，已經在交往的人，了解對方的脾氣，盡量要逆來順受，在適當的時機，自己也要表示意見，就不會發生問題。有工作的人，漸漸變得忙碌，而感受到壓力，應該自我調適，就不會太煩躁，想求職的話，只要肯主動應徵，就會被欣賞錄取。

第二十六籤　中

　　君子固窮　　逆來順受
　　樂天知命　　其道永久

籤曰：

　　愛情運勢來說，要追求對象的話，態度雖然要積極，但行動不宜太快，耐心的等待時機，早晚自然會成功，已經在交往的人，培養彼此的默契，多說出心中想法，面對往後的壓力，也比較承受的起，有工作的人，職務將會有調動，或有機會出公差，會顯得稍微忙碌，想求職的話，慢慢的尋找機會，用不著太過緊張。

第二十七籤　下

泰運注　否運來

陰太盛　陽必衰

籤曰：

　　愛情運勢來說，要追求對象的話，要選擇條件差不多的來匹配，眼光不要太高，這樣會比較順利，而不會遭受挫折，已經在交往的人，中途會發生變故，對方將因此離去，讓你非常的錯愕，心理非常的難過，有工作的人，凡事莫得意忘形，以避免樂極生悲，想求職的話，面試都沒有消息，錄取希望不太大，心裡要有數才行。

第二十八籤　中

蒼松倚修竹　忽露楓葉丹

休嫌顏色改　芳信此中探

籤曰：

　　愛情運勢來說，要追求對象的話，改掉原本壞習慣，重新整理好形象，就能夠如願以償，已經在交往的人，對方會比較心急，希望趕快定下來，會有結婚的打算，彼此可以多商量，有工作的人，盡量專注來投入，不要被外界

影響，績效就可以提升。想求職的話，透過別人的介紹，
會有理想的職務，但要靠本事爭取。

觀世音靈籤

在佛教的諸多神祇中最廣泛地為信徒
所敬仰者首推觀世音菩薩，自古以來
即被尊稱為大慈大悲救苦救難觀世音
菩薩、慈航尊者、觀世音菩薩、觀音
菩薩、觀音媽、佛祖媽、觀音佛、
南海觀世音、大悲菩薩、大慈大
悲觀世音菩薩，但最普通的
是稱為觀世音。《佛教大
辭內》注：「觀音，舊云
光世音，觀世音，略稱觀
音，新云觀世自在，觀
自在」。又說：「觀世人
稱彼菩薩之音而垂效，故
云觀世音。觀自在者，觀
世界，而自在拔苦與樂。」
而稱觀世音為觀音，是自唐代
避李世民之諱，沿用至今的。

觀世音靈籤簡介

　　觀世音出自於佛教，原意是「傾聽世間眾生的苦難，並伸出援手加以解救」。也就是世人遭遇到災難，只要呼喊祂的名字，也就會前來救助，在唐太宗的時代，由於太宗叫做「李世民」，為了避諱的緣故，就把觀世音的「世」去掉，而簡稱作「觀音」，或是「妙善夫人」。根據佛經的記載，觀世音本為印度國王的長子，本名叫做「不」，和父親與弟弟出家，跟隨釋迦牟尼佛修行，後來被釋迦牟尼佛賜名，才改作「觀世音」，在阿彌陀佛的左側，掌管著慈悲法門，而另外的弟弟，也就是「大勢至」菩薩，在阿彌陀佛的右側，掌管著智慧法門，三者合稱「西方三聖」，能引導世人到西方極樂世界。

　　而佛教自印度發揚，後來傳入中國發展，成為觀世音菩薩，或人稱觀音佛祖，是慈悲祥和的化身，而且是民間最普遍奉祀的神明。特別是其心靈教化，讓許多身陷天災人禍，卻無法擺脫的人們，提供精神上的信仰，成為支持

的力量。又觀世音早期無論在印度、東南亞、西藏等地，都是示現為男相，傳入中國早期也原本是男相，直到唐末以後，形象就轉為女相，讓眾人覺得親近和藹，能化解暴戾之氣，當心情鬱悶的時候，就稱頌觀世音名號，來化解一切不如意之事，讓阻礙能夠減少降低，而不畏懼災厄的影響。

但「觀世音」並非單指一人，在佛經中指出：「六觀音」、「七觀音」跟「三十二觀音」之別，一般在觀音信仰當中，最能引起大家注意的，就是「千手千眼觀音」，千手表示擁護眾生，千眼表示觀遍世間，都是大慈大悲，救苦救難的表現，因為害怕世間如苦海，眾生的苦難太多，觀世音會特別忙碌，沒有辦法一一照顧，就發展成千眼千臂的形象。由於觀世音的聖靈，經常去救濟百姓，特別是兵荒馬亂的時候，給眾生心靈的祈求，因此又叫做「慈航菩薩」，在民間的習俗上，觀世音與關聖帝君，以及土地公同為家喻戶曉的主神。

在祭祀觀世音的時候，必須要吃齋茹素，禁止宰殺動物，以表達心中的虔誠，有些佛寺會舉行「補運」儀式，用紙糊的人形替身及米糕，或用與家庭人口數相同的龍眼

火雞蛋，放在觀世音菩薩面前，誠心的誦經祈福，為運氣不佳的人消災解厄。

靈籤說明與案例導讀

　　關於靈籤的由來，若有前往寺廟拜拜，就會知道那是什麼，其實也就是占卜問卦，只不過對象不相同，內容項目也不同，一般人都會好奇想抽籤，不然就是遭遇到困難，或是難以決定的事情，所以想請求神明指點，在從前的社會中，對於信仰相當虔誠，所以抽籤是重大的事，絕對不可以馬虎，必須要準備牲禮，鮮花五果，並且焚香禱告，然後再利用擲筊的結果，來確定能否抽籤，以及確定抽到的籤，就是神明所要傳達的旨意。而現在人雖然文明，很多事能自行處理，很少有機會到廟裡抽籤，或者根本沒時間前往，但人難免會有疑惑，陷入無助的情況，這時就可以利用靈籤，來幫助我們解答疑惑，或許就會有所幫助。

　　靈籤的使用除了傳統的方式，也就是擲筊抽籤之外，也有很多種其他方式，只要是心誠就會靈驗，而不用太在意形式。以下提供的方式，適用於各種靈籤，內容只是作

我的第一本求籤解惑書

137

為參考，而不是說一種靈籤只能有一種方式，或特定方式才能使用。

案例一：觀世音靈籤

首先準備二顆骰子，利用骰子來抽籤，抽籤過程如下。

一、先知道靈籤的數目，像是二十四籤、二十八籤、或三十二籤。若假設是二十八籤。

二、接著利用骰子求十位數，投擲二個骰子後，假設得出8點，8點必須除以3求餘數，得出餘數等於2，那麼十位數就是2。

三、接著利用骰子求個位數，投擲二個骰子後，假設得出12點，12點必須除以10求餘數，得出餘數等於2，那麼個位數就是2。(若投擲出10點以下，就可以直接當成個位數，不必再求餘數，若10剛好整除，就剛好等於0，但若十位數跟個位數都是0時，就必須要重新抽籤)

四、尋找觀世音靈籤第二十二籤，並依照所求事項，來觀看靈籤解答。

五、假設是詢問【感情】，則靈籤解答如下：

第二十二首：海龍女比武　上上

出入行舟多笑容　家中財寶喜重重
官司有理行人至　病者雖危不見凶

籤曰：

感情方面，要廣泛學習興趣，培養一些嗜好運動，將有助於人際的擴展，沒有對象的人，雖然心裡很著急，深怕錯過好機會，但也不能表現出來，否則將會嚇跑對方，反倒弄巧成拙，有伴侶的人，彼此的個性相合，興趣也一致，應該要多參加團體活動，將能夠共同合作，開創美好的未來。

案例二：觀世音靈籤

首先準備二顆骰子，利用骰子來抽籤，抽籤過程如下。

一、先知道靈籤的數目，像是二十四籤、二十八籤、或三十二籤。若假設是二十八籤。

二、接著利用骰子求十位數，投擲二個骰子後，假設得出7點，7點必須除以3求餘數，得出餘數等於1，那麼十位數就是1。

三、接著利用骰子求個位數，投擲二個骰子後，假設得出10點，10點必須除以10求餘數，得出餘數等於0，那麼個位數就是0。（若投擲出10點以下，就可以直接當成個位數，不必再求餘數，若10剛好整除，就剛好等於0，但若十位數跟個位數都是0時，就必須要重新抽籤）

四、尋找觀世音靈籤第十籤，並依照所求事項，來觀看靈籤解答。

五、假設是詢問【健康】，靈籤解答如下：

第十首：孟姜女尋夫　下下

鮮花逢雨又遭霜　月被雲遮雪見湯
凡事不如守舊好　貪斜只恐有驚傷

籤曰：

要旅行出遊的話，規劃好的計劃，會發生小插曲，會有成員臨時退出，以至於無法順利成行，花費好大的功夫，才解決這個問題，要注意口角是非。在身體健康方

面，凡事不要逞強，要懂得自我節制，特別是酒色方面，若開刀住院的話，並不如預期理想，情況目前不穩定，需要觀察一段時間。

案例三：觀世音靈籤

　　首先準備二顆骰子，利用骰子來抽籤，抽籤過程如下。

　　一、先知道靈籤的數目，像是二十四籤、二十八籤、或三十二籤。若假設是二十八籤。

　　二、接著利用骰子求十位數，投擲二個骰子後，假設得出4點，4點必須除以3求餘數，得出餘數等於1，那麼十位數就是1。

　　三、接著利用骰子求個位數，投擲二個骰子後，假設得出13點，13點必須除以10求餘數，得出餘數等於3，那麼個位數就是3。(若投擲出10點以下，就可以直接當成個位數，不必再求餘數，若10剛好整除，就剛好等於0，但若十位數跟個位數都是0時，就必須要重新抽籤)

　　四、尋找觀世音靈籤第十三籤，並依照所求事項，來

觀看靈籤解答。

五、假設是詢問【事業】，靈籤解答如下：

第十三首：劉先生入贅　中平

萬事諸般莫自迷　官司病患不多期

孕男婚合家中吉　失物行人明後時

籤曰：

近來運勢，情況對你十分有利，勤勞奮鬥的話，就會有不錯的收穫，能夠享有名聲地位，在事業方面，由於表現有功勞，會有升遷的機會，但要懂得感謝，那些支持你的人，找工作的人，會有親戚介紹，能馬上找到工作。在考試方面，現在環境雖然不理想，讓你煩惱擔心許多事，但只要堅持到底，就有上榜的希望。

觀音靈籤二十八首（生意求財）

第一首：善才參世尊　上吉

　　寶馬盈門吉慶多　　官司有理勸調和

　　萬般得利稱全福　　一箭紅心定中科

籤曰：

　　就目前運氣來說，運氣十分的亨通，到哪都可以碰到好事，盡量保持愉快心情，凡事就能夠順心如意，想增加財富的人，態度必須要積極、目標必須要專一，不要分散自己心力，而弄出瑣碎的麻煩，生意經營來往上，貨源方面要穩定，時時刻刻都要緊盯，才不會發生問題，而無法正常營業。

第二首：賀海被災星　下下

　　波此分明事不通　　相爭善惡不相同

　　利名患病皆難吉　　何必勞心問始終

籤曰：

　　就目前運氣來說，陷入低潮當中，情緒消極不滿，勸你要暫時遠離人群，獨自冷靜想清楚才行，想增加財富的

我的第一本求籤解惑書

人，有可能被其他人欺騙，不然就是被外界誘惑，而導致金錢的損失，需要謹慎提防才好，生意經營來往上，原來的環境可能沒落，不適合繼續再使用，要另尋有利的地點。

第三首：梁山伯訪友　上上

瑞氣騰騰罩吉祥　行人有利即還鄉

若占官事和最貴　和合婚姻孕產郎

籤曰：

就目前運氣來說，停頓不前就沒有機會，要追求進步才可以，要多充實理財投資的知識，想增加財富的人，時機漸漸的成熟了，可以準備大展身手，把資金做妥善的規劃，將可以賺進小錢。生意經營來往上，要注意合約的簽訂，內容都要自細審核，不要忽略而放棄權益，到時候有理說不清。

第四首：唐三藏取經　上上

在家富貴足安然　出外如同透碧天

秀士名登龍虎榜　農夫得遇大豐年

籤曰：

就目前運氣來說，沒有什麼煩心的事情，只要願意花時間尋找，將可以找到滿意的管道，來進行投資理財，想增加財富的人，人際關係要注意，不要因為貪圖利益，而不惜得罪他人，到頭來倒楣的是自己，生意經營來往上，能有不錯的收入，穩定當中來發展，不要急躁行事，這樣會比較有利。

第五首：伍子胥逃關　中平

求名問利一時難　出外行人遇友蘭
萬事誠求神佛佑　管教刻日保平安

籤曰：

就目前運氣來說，沒有什麼好的契機，只能靜靜的等待，可以閱讀相關的資訊，說不定會有幫助，想增加財富的人，剛開始會很辛苦，做什麼都沒有收穫，但慢慢就會好轉，有倒吃甘蔗的現象，生意經營來往上，上半年的情況平平，但下半年就好轉長紅，要提前做準備迎接，可以賺更多利潤。

第六首：王氏女敬佛　上上

一切謀為立便成　諸凡正直吉祥迎
婚姻名利皆如意　訟事行人保泰亨

籤曰：

就目前運氣來說，辛勤努力之後，將會有小收穫，但要珍惜金錢，不要隨便花用，想增加財富的人，手段要正大光明，不要走旁門左道，才不會聰明反被聰明誤，損失更多金錢，生意經營來往上，會有金錢的糾紛出現，借貸或做保都要特別的小心，以免被他人拖累，造成自己的負擔。

第七首：玄武帝遭難　下下

求事謀婚總見空　官災口舌藥無功
尋人失物難求覓　病阻行人路不通

籤曰：

就目前運氣來說，情況不是很理想，遭遇不少倒楣事，有無妄之災的可能，出門在外要謹言慎行，想增加財富的人，若貪圖眼前的好處，急著想回收獲利，而投資更多金錢下去，最後恐怕血本無歸，生意經營來往上，保守

低調會比較好，千萬不要好大喜功，很想要一步登天，反
而會遭致失敗。

第八首：劉志遠鬥瓜精　中平

生平苦難更辛勞　且喜今年交運新
出遇貴人提拔處　猶如枯木再逢春

籤曰：

　　就目前運氣來說，出外會遇到貴人幫忙，使你有更多
資源運用，要好好的衝刺才行，想增加財富的人，心裡雖
然很著急，也不可以胡亂投資，聽信別人的慫恿，凡事要
懂得自我判斷才行，生意經營來往上，交際應酬上要注意
酒色，不要因為一時的迷惑，而造成自己身敗名裂，影響
到家庭婚姻。

第九首：何仙姑訪道　上上

病人無事保安康　做事求財處處良
訟事平安行客至　夫妻和合百年長

籤曰：

　　就目前運氣來說，還差一點點的努力，就會有豐碩的

成果，必須要加快腳步，不要中途就放棄，想增加財富的人，要看準機會下手，盡量不要冒險投資，千萬不要嫌金額小，慢慢就能積少成多，生意經營來往上，可以嘗試開設分店，或到外地去經營，能接觸更廣泛的客戶，收益獲利也將會增加。

第十首：孟姜女尋夫　下下

鮮花逢雨又遭霜　月被雲遮雪見湯

凡事不如守舊好　貪斜只恐有驚傷

籤曰：

就目前運氣來說，會有突然的意外發生，讓你非常的驚訝錯愕，面臨金錢的糾紛訴訟，想增加財富的人，會運用小聰明，但卻發揮在不正當的地方，剛開始雖然會成功，後面卻會碰壁認栽，要反省檢討才好，生意經營來往上，會遭他人的設計，而損失不少錢財，凡事不宜衝動，想辦法冷靜解決才好。

第十一首：劉文龍上任　上上

門庭吉慶福無邊　相接高人事可全

名利兩般都有望　更能修善子孫賢

籤曰：

　　就目前運氣來說，會遇到困擾阻礙的事，讓你心情不是很愉快，必須要暫時忍耐才好，自然就會雨過天晴，想增加財富的人，順應環境的發展，會是最佳的途徑，不要做些徒勞無功的事，那只會白白浪費金錢而已，生意經營來往上，有不了解的地方，要盡量請教專家，不要固執己見，這樣會讓事情更糟糕。

第十二首：鳳仙女招親　中平

　　鴛鴦分散各無心　　口舌官司禍悉深
　　病者防亡有外鬼　　行人托友去無音

籤曰：

　　就目前運氣來說，不要想些不切實際的事，要腳踏實地的經營，這樣才有助於財源收入，想增加財富的人，人際關係一定要把握，不要動不動發脾氣，而得罪週遭的朋友，那可是百害而無一利，生意經營來往上，態度顯得漫不經心，所以機會常常錯失，若不力圖振作，情況可能會變更糟。

第十三首：劉先生入贅　中平

萬事諸般莫自迷　官司病患不多期

孕男婚合家中吉　失物行人明後時

籤曰：

就目前運氣來說，要懂得分辨好壞，拒絕不當的誘惑，才不會誤入歧途，斷送了大好前程，想增加財富的人，自己顯得勢單力薄，可以找朋友來幫忙，合夥投資會比較有利，不用那麼奔波辛苦，生意經營來往上，會有競爭對手出現，不可以掉以輕心，要想辦法來應付，將有一場硬仗要打。

第十四首：花子隱如意　上上

婚姻和合病離床　謀事求財主吉昌

失物遷移皆遂意　官司有理定無妨

籤曰：

就目前運氣來說，將會有出名的可能，知名度能帶來人際關係，同時也帶來了致富機會，想增加財富的人，先要準備足夠的資金，才能做廣泛的用途，否則只好先儲蓄，等待時機的來臨，生意經營來往上，創新雖然很重

要，但不可以急於一時，還是要按部就班，穩紮穩打會比較理想。

第十五首：朱買臣求官　上中

行人立至順風船　爭訟　豐卻勝前

若是求謀多稱意　貴人接引友周全

籤曰：

就目前運氣來說，有逢春的現象，情勢漸漸好轉，要趕快改變方針，搭上潮流的順風船，想增加財富的人，需要尋求長輩的幫助，不要不好意思開口，否則吃虧將會是自己，怪不得別人，生意經營來往上，雖然有心想振作，無奈時機景氣不配合，做事的效果大打折扣，但也別因此氣餒灰心。

第十六首：舜天子傳位　上吉

求財主有貴人招　病者無妨莫心焦

凡事須從勤修省　行人定至待明朝

籤曰：

就目前運氣來說，有虎頭蛇尾的現象，做事容易半途

而廢，所以往往都沒有什麼好結果，要馬上修正過來才好，想增加財富的人，應該多充實理財知識，投資的時候才不會心慌，而錯失賺錢的良機，生意經營來往上，看到同行生意興隆，心裡非常的羨慕，應該要向對方看齊，加緊的努力才行。

第十七首：林招德放黃鶯　下下

官司橫事受諸災　家內人丁大破財
凡病必須先了願　管教脫悔笑顏開

籤曰：

就目前運氣來說，先前的糾紛沒有解決，現在又突然冒出新的，讓你一個頭兩個大，不知道如何是好，想增加財富的人，現在不適合投資，或是去週轉借貸，都會四處碰壁，讓自己一鼻子灰。生意經營來往上，沒有什麼起色可言，心情顯得悶悶不樂，會產生放棄的念頭，建議你要樂觀積極一點。

第十八首：楊文廣傷身　下下

出門見鬼遇凶人　買賣經營徒辛苦
名利兩般都不順　勸君守舊待來春

籤曰：

就目前運氣來說，有無妄之災的可能，遭受到朋友的連累，使得你信用損失，還必須付出一筆錢，想增加財富的人，容易因為小事爭吵，而跟人家起衝突結怨，對方會私下報復，讓你損失更多，生意經營來往上，不要聽信風吹草動的謠言，要堅定自己的意志，朝成功的方向去做，自然就會獲得財富。

第十九首：漢光武鬧昆陽　中平

官司何必決雌雄　病者誠心求上穹
起造姻緣田地吉　出門生意四時通

籤曰：

就目前運氣來說，變化起伏非常的大，暫時還不會平靜，應該要謹言慎行，凡事低調不要張揚，想增加財富的人，不可以威脅他人，強迫對方交出利益，那會有反效果，還可能惹上官司訴訟，生意經營來往上，會發生供不應求的現象，應該要提前準備，才能配合時機景氣，輕輕鬆鬆賺到財富。

第二十首：韓信築壇拜將　中平

婚姻名利問如何　石上栽松根必無
病者不安官有累　誠求佛力暗中扶

籤曰：

就目前運氣來說，人際關係出了點問題，恐怕會持續嚴重擴大，要趕快想辦法處理才是，想增加財富的人，借貸投資是不得已的辦法，應該要小心謹慎，若投資情況不佳，就不要繼續追求，生意經營來往上，生意會逐漸地好起來，若想要更好的發展，可以考慮轉讓給他人，自己重新另闢出路。

第二十一首：潘十藝投親　上上

家門喜慶得功名　道業興隆謀亦成
一切求財名得意　喜星高照吉星迎

籤曰：

就目前運氣來說，只要加把勁努力，目標就快達成，有水到渠成的現象，明力將可以雙收，想增加財富的人，不可以衝動行事，要衡量自己的情況，可考慮與人合作，成功的機會較大，生意經營來往上，自己要主動出擊，不

參、觀世音靈籤簡介

要等待環境變遷，從競爭縫隙中找生存，才是最好的策略。

第二十二首：海龍女比武　上上

出入行舟多笑容　家中財寶喜重重
官司有理行人至　病者雖危不見凶

籤曰：

就目前運氣來說，適合到處遊歷，來增廣見聞，能吸收豐富的靈感，將有助於投資理財，想增加財富的人，可以獨自跳出來創業，剛開始也許辛苦，但只要摸清楚，久了習慣以後就好，生意經營來往上，先前的收益滿多的，所以就算現在困頓，也不用太過緊張，這是自然景氣循環的影響。

第二十三首：蔡伯喈辭朝　下下

名利求謀事不詳　病有鬼祟不離床
全憑作福求天佛　門內神明燒一香

籤曰：

就目前運氣來說，情況不是很有利，瑣碎的事情很

多，身體也出現毛病，盡量要低調保守。想增加財富的人，要顧慮他人的感受，不要老是自私自利，寧願選擇拖累別人，這不是長久的辦法，生意經營來往上，現實冷酷的商場，讓你感到心寒，很想要早點退出，若決意如此的話，可以選擇趕快退出。

第二十四首：周文王遇姜子牙　上吉

謀望婚姻俱得圓　病人即日可安痊
名成利就行無阻　水面經營常順船

籤曰：

就目前運氣來說，如果有糾紛的話，要趕快去解決，不要再拖延了，否則將成為禍端，阻礙本身財源，想增加財富的人，只要虔誠的祈禱，憑著良心做事情，任何困難都能度過，不用太過杞人憂天，生意經營來往上，要注意人才的使用，要能夠慧眼識英雄，團結合作共同打拚，賺進財富將不是問題。

第二十五首：西王母益獻地圓　上吉

春來花發映陽台　萬里舟行進寶來

躍過禹門三級浪　恰如平地一聲雷

籤曰：

就目前運氣來說，將可以無往不利，到哪都意氣風發，做什麼都有助力，很快就能夠達成，不會有阻礙產生，想增加財富的人，應該向外去發展，見識不同的事物，並積極吸收資訊，就有賺錢的靈感，生意經營來往上，能談成許多合作，賺進不少的財富，但是要懂得運用，才不會因此浪費。

第二十六首：魏武帝羊腸失路　中平

人行半嶺日啣山　峻險嶁嵐未可攀
仰望上天垂護佑　此身猶在太虛間

籤曰：

就目前運氣來說，情勢不是很明朗，有許多隱藏危機，最好是靜觀其變，不要急著去出擊，想增加財富的人，若週遭資源有限，不妨去求助他人，或是想辦法增加，就可以加以規劃，實現自己的想法，生意經營來往上，由於競爭很激烈，要注意同業動向，才不會失去先機，反而喪失了利益。

第二十七首：陶淵明三徑關門　下下

經商出入事遲疑　恐惹閒愁與是非
如鳥飛投羅網陷　相看能有幾人知

籤曰：

就目前運氣來說，景氣讓你很擔憂，又沒有任何對策，身邊的朋友又少，將陷入孤立當中，想增加財富的人，與其做著白日夢，不如實際去行動，這樣會比較妥當，才有發財的機會，生意經營來往上，業績將每況愈下，自己雖想要振作，但心有餘而力不足，只能夠放任不管，有可能因此倒閉。

第二十八首：塞翁失馬　中平

等閒騎馬著鞭來　半有憂危半有財
似火方燒頭上屋　天教一雨蕩殊災

籤曰：

就目前運氣來說，雖然前景是看好，但必須腳踏實地，不可以投機取巧，而使用不當手段，那將會自討苦吃，想增加財富的人，以為自己很聰明，誰知偷雞不著蝕把米，應該要記取教訓，不要再妄想，生意經營來往上，

維持現況的條件，不要再有所變動，就可以高枕無憂，不
需要過於強求。

觀音靈籤二十八首（事業功名）

第一首：善才參世尊　上吉

> 寶馬盈門吉慶多　官司有理勸調和
>
> 萬般得利稱全福　一箭紅心定中科

籤曰：

近來運勢，情況十分的亨通，許多事情都順利如意，自然而然就能成功，不用太過費心操勞，在事業方面，可以遇貴人提拔，可以讓你一展長才，但要多嘗試機會才行，找工作的人，可以透過朋友介紹，會比較有好結果，在考試方面，比預期的還理想，只要能夠平穩做答，成績就會不會太差，有金榜題名的機會。

第二首：賀海被災星　下下

> 波此分明事不通　相爭善惡不相同
>
> 利名患病皆難吉　何必勞心問始終

籤曰：

近來運勢，很多事情不能夠改變，這使你相當的煩惱，應該選擇放寬心，靜觀其變會比較好，在事業方面，

参、觀世音靈籤簡介

經常奔波勞碌，卻沒什麼收穫，心情很不愉快，但也只能暫時忍耐，找工作的人，不要太過心急，慢慢尋找即可，在考試方面，由於平時不努力，成績不是很理想，應該再重新振作，下定決心爭取機會。

第三首：梁山伯訪友　上上

瑞氣騰騰罪吉祥　　行人有利即還鄉

若占官事和最貴　　和合婚姻孕產郎

籤曰：

近來運勢，漸漸進入佳境，應該好好把握，只管建立人際關係，自然就會得到他人助力，在事業方面，情況一帆風順，應該加緊腳步，主動出擊有所表現才是，找工作的人，要當心求職陷阱，以免受騙上當。在考試方面，會有人來指點你，大多是自己的朋友，讓你比較不會慌張，能知道如何掌握，能有一定成績。

第四首：唐三藏取經　　上上

在家富貴足安然　　出外如同透碧天

秀士名登龍虎榜　　農夫得遇大豐年

籤曰：

近來運勢，沒什麼值得煩心的問題，讓你有時間做自己的事，應該培養一些興趣嗜好才好，在事業方面，過程十分的辛苦，需要經過一番波折，才能看得到成果出現，找工作的人，要找熟悉的行業環境，才比較能進入狀況，在考試方面，雖然大家競爭激烈，但只要能夠認真努力，按部就班靜下來唸書，就會有希望。

第五首：伍子胥逃關　中平

求名問利一時難　出外行人遇友蘭
萬事誠求神佛佑　管教刻日保平安

籤曰：

近來運勢，之前的不如意，情緒低潮的情況，已經漸漸消失，環境改變會對你比較有利，在事業方面，會遇到困難阻礙，必須要去克服難關，應該趕快找人幫忙，才能夠化解問題，找工作的人，會找到適合工作，不用太過擔心，在考試方面，目前實力不夠，應該再下苦功，等待一段時間後，就能脫胎換骨。

第六首：王氏女敬佛　上上

一切謀爲立便成　諸凡正直吉祥迎

婚姻名利皆如意　訟事行人保泰亨

籤曰：

　近來運勢，還滿能夠維持現況，只要不要貪圖利益，就不會發生問題，安穩行事就可以，在事業方面，成功時要懂得感恩，而且要急流勇退，不要眷戀執著權位，才不會發生糾紛，找工作的人，趕緊積極尋找，就會有希望，在考試方面，不要三心二意，猶疑不定，要把心思專注、全力衝刺，才有上榜錄取的可能。

第七首：玄武帝遭難　下下

求事謀婚總見空　官災口舌藥無功

尋人失物難求覓　病阻行人路不通

籤曰：

　近來運勢，有陷入困境當中，被人拖累的情況，要先冷靜想清楚，莽撞只會壞事而已，在事業方面，有調職到外地的機會，但應該慎重考慮，不一定比現在的發展要好，找工作的人，有許多次的面試，卻沒有什麼消息，要

耐心等待才好，在考試方面，天不從人願，自己要看開，
若沒辦法考取，也只好暫時打消念頭。

第八首：劉志遠鬥瓜精　中平

生平苦難更辛勞　且喜今年交運新
出遇貴人提拔處　猶如枯木再逢春

籤曰：

近來運勢，人際關係還算熱絡，會認識許多朋友，但
也要懂得挑選，才不會交到壞朋友，在事業方面，應酬要
注意酒色，以免惹禍上身，增加自己的困擾，找工作的
人，會順利找到工作，但不應該計較酬勞，要用表現來爭
取，在考試方面，要安靜下來專心唸書，不要想著外界的
誘惑，否則成績是不會太理想。

第九首：何仙姑訪道　上上

病人無事保安康　做事求財處處良
訟事平安行客至　夫妻和合百年長

籤曰：

近來運勢，事情都是同時發生，讓你有點措手不及，

必須要按照緩急輕重，來加以妥善處理，在事業方面，要注重誠實信用，不要欺騙他人，以免遭到官司訴訟，阻礙到自己的前途，找工作的人，能夠獲得人緣，應徵會被錄取，在考試方面，不要怕辛苦，而怠惰不前，唸書的效果會大打折扣，影響考試的成績。

第十首：孟姜女尋夫　下下

鮮花逢雨又遭霜　月被雲遮雪見湯

凡事不如守舊好　貪斜只恐有驚傷

籤曰：

近來運勢，自己是沒什麼問題，但週遭人卻災禍連連，你必須要出手幫忙，顯得有點疲憊不堪，在事業方面，若覺得沒有發展，可以考慮選擇跳槽，替未來規劃做打算，找工作的人，到處求職都碰壁，情緒陷入低潮當中，在考試方面，剛開始很有把握，但後來就漸漸分散，若不加緊努力的話，恐怕將名落孫山。

第十一首：劉文龍上任　上上

門庭吉慶福無邊　相接高人事可全

名利兩般都有望　更能修善子孫賢

籤曰：

近來運勢，各方面都顯得不錯，有令人高興的喜事，會分享給朋友知道，大家能感染氣氛，在事業方面，只要照規矩來行事，就能夠得心應手，不會出什麼紕漏，找工作的人，可以找朋友幫忙，朋友會盡力協助你，讓你順利找到，在考試方面，大家一起互相激勵，交換彼此得心得，就能在重要關頭，順利的度過。

第十二首：鳳仙女招親　中平

鴛鴦分散各無心　口舌官司禍悉深
病者防亡有外鬼　行人托友去無音

籤曰：

近來運勢，有逐漸下滑的趨勢，許多事情感覺不順，卻都找不出原因，應該要去求神問卜才安心，在事業方面，接待客戶要態度謙和，不要讓對方感到不悅，否則將商談失敗，找工作的人，先在家裡等待消息，過段時間才行動，會比較理想，在考試方面，雖然自己很努力，但運氣就差那麼一點，要再繼續加油才行。

第十三首：劉先生入贅　中平

萬事諸般莫自迷　官司病患不多期
孕男婚合家中吉　失物行人明後時

籤曰：

近來運勢，情況對你十分有利，勤勞奮鬥的話，就會
有不錯的收穫，能夠享有名聲地位，在事業方面，由於表
現有功勞，會有升遷的機會，但要懂得感謝，那些支持你
的人，找工作的人，會有親戚介紹，能馬上找到工作。在
考試方面，現在環境雖然不理想，讓你煩惱擔心許多事，
但只要堅持到底，就有上榜的希望。

第十四首：花子隱如意　上上

婚姻和合病離床　謀事求財主吉昌
失物遷移皆遂意　官司有理定無妨

籤曰：

近來運勢，現在雖然一切安好，但也要考慮以後發
展，凡事要先未雨綢繆，才能留下後路，在事業方面，會
遇到競爭對手，讓你身心倍感壓力，但也算是一種磨練，
讓你更加的進步，找工作的人，會遇到他人欣賞，而擔任

我的第一本求籤解惑書

重要的職務，在考試方面，天資聰穎的關係，加上平時的用功，考試的結果如預期般順利。

第十五首：朱賈臣求官　上中

行人立至順風船　爭訟丰豐卻勝前
若是求謀多稱意　貴人接引友周全

籤曰：

近來運勢，凡事不要太過張揚，以免招來他人妒忌，徒增自己的煩惱，要謙虛退讓才行，在事業方面，能有搶眼的表現，讓人非常欣賞，有升官加薪的機會，找工作的人，應該主動出擊，去勇於推薦自己，將會有機會成功，在考試方面，有心準備唸書的話，成績自然會理想，無心消磨時間的話，成績就會一落千丈。

第十六首：舜天子傳位　上吉

求財主有貴人招　病者無妨莫心焦
凡事須從勤修省　行人定至待明朝

籤曰：

近來運勢，要比先前要好許多，比較有空閒的時間，

應該要提早準備，以防麻煩再度來到，在事業方面，會遇到信賴的夥伴，跟你一起努力打拚，成果非常的豐碩，大家可以分享喜悅，找工作的人，能遇到好的老闆，受到不錯的待遇，在考試方面，要尋找名師來指導，才能啓發自己的智慧，成績會有明顯的進步。

第十七首：林招德放黃鶯　下下

官司橫事受諸災　家內人丁大破財
凡病必須先了愿　管教脫悔笑顏開

籤曰：

近來運勢，做任何事情都不順利，有事倍功半的情況，心情顯得很糟糕，脾氣會非常暴躁，在事業方面，會被小人暗中陷害，讓你非常的不滿怨恨，應該要平心靜氣，想辦法應付才行，找工作的人，暫時沒機會，應在家等待，在考試方面，成績不是很理想，不如放棄另尋出路，透過其他管道應試，成績會比較理想。

第十八首：楊文廣傷身　下下

出門見鬼遇兇人　買賣經營徒辛苦
名利兩般都不順　勸君守舊待來春

籤曰：

近來運勢，問題原本不會嚴重，但由於放任的關係，慢慢變成滾雪球，明顯影響到自己，在事業方面，會因為財務糾紛，而與他人結怨，彼此會有火爆場面，官司訴訟難免，找工作的人，一動不如一靜，等待消息會比較好，在考試方面，要下工夫認眞苦讀，態度不要猶豫不決，不然是浪費時間，沒有什麼實質幫助。

第十九首：漢光武鬧昆陽　中平

官司何必決雌雄　病者誠心求上穹
起造姻緣田地吉　出門生意四時通

籤曰：

近來運勢，情況有時好有時壞，通常都是隨順著，但有時要懂得操作，把不利的變成有利才行，在事業方面，已經談妥的事情，就不要臨時變卦，以免讓他人誤會，引起糾紛困擾，找工作的人，只要多方尋找，就有機會找到，在考試方面，若一直蹉跎時間，只想著玩樂的話，心思只會浮動，沒辦法來準備考試。

第二十首：韓信築壇拜將　中平

婚姻名利問如何　石上栽松根必無
病者不安官有累　誠求佛力暗中扶

籤曰：

近來運勢，若因為一時得意，就失去了警戒心，不加
以節制約束的話，將失去現有的好運氣，在事業方面，跟
人家商談的過程，充滿了許多變數，應盡力協調才是，找
工作的人，工作不是很長久，有不斷變換的可能，在考試
方面，唸書不要三天打魚、兩天曬網，那沒有什麼實際效
果，對成績不會有幫助。

第二十一首：潛十藝投親　上上

家門喜慶得功名　道業興隆謀亦成
一切求財名得意　喜星高照吉星迎

籤曰：

近來運勢，一切都很平穩，做事也愉快，相當有進
展，可以好好規劃，如何安排運用時間，在事業方面，要
加強自己的專業，才不容易被淘汰，比較有出人頭地的機
會，找工作方面，千萬不要遲疑，要馬上決定，才能搶到

機會，在考試方面，時機對你有利，只要專心唸書，就能夠好好發揮，考試自然會得心應手。

第二十二首：海龍女比武　上上

出入行舟多笑容　家中財寶喜重重

官司有理行人至　病者雖危不見凶

籤曰：

近來運勢，會想要擴大發展，但卻苦惱無機會，應該要靜心等待，機會自然會送上門來，在事業方面，只要表現出誠意，對方就會欣然答應，能夠輕鬆賺進財富，找工作的人，不要嫌棄薪資待遇，腳踏實地才是重點，在考試方面，依照循序漸進的規劃唸書，自然就有成果展現，考試時心情要放輕鬆，就沒有太大問題。

第二十三首：蔡伯喈辭朝　下下

名利求謀事不詳　病有鬼祟不離床

全憑作福求天佛　門內神明燒一香

籤曰：

近來運勢，處處遇到刁難阻礙，讓你疲於奔命、東奔

西走，希望能改善情況，卻沒有什麼起色，在事業方面，要注意遭受詐騙，不要貪圖眼前利益，否則將招惹禍端，顯得得不償失，找工作的人，要注意安全，才能避免意外，在考試方面，不要只做白日夢，要花心思投入，否則隨時間的消逝，依然不會有任何進展。

第二十四首：周文王遇姜子牙　上吉

謀望婚姻俱得圓　病人即日可安痊
名成利就行無阻　水面經營常順船

籤曰：

近來運勢，家裡面會願意支持，又有朋友的幫助，就算遇到困難阻礙，也都能夠安然度過，在事業方面，要注意口角衝突，就不會產生糾紛，凡事低調保守為宜，找工作的人，面試時要注意態度，若遭人嫌棄的話，恐怕沒希望錄取，在考試方面，運氣相當不錯，又實力出眾，所以考試顯得輕鬆，結果能順利上榜。

第二十五首：西王母益獻地圖　上吉

春來花發映陽台　萬里舟行進寶來
躍過禹門三級浪　恰如平地一聲雷

籤曰：

近來運勢，週遭的環境變遷，對自己顯得有利，應該廣結善緣，塑造良好形象，在事業方面，表現十分的突出，讓主管大爲讚賞，將有升遷的希望。找工作的人，透過貴人的牽引，會有不錯的職務，待遇福利很理想，讓你相當的滿意，在考試方面，經過一番的苦讀，又有良師的指點，只要堅定信心，就能達成目標。

第二十六首：魏武帝羊腸失路　中平

人行半嶺日啣山　峻險巉巖未可攀
仰望上天垂護佑　此身猶在太虛間

籤曰：

近來運勢，若跟人發生爭執，最好找人調解，不要不理不睬，問題將會變嚴重，在事業方面，勞心勞力的付出，但成果不如預期，用不著太灰心，重新振作就好。找工作的人，花了很久的時間，才有機會去面試，必須要好好把握，在考試方面，不用太過於擔心，只要能保持樂觀，積極去準備應試，就可以獲得成功。

第二十七首：陶淵明三徑關門　下下

經商出入事遲疑　恐惹閒愁與是非

如鳥飛投羅網陷　相看能有幾人知

籤曰：

　　近來運勢，很可能遭人陷害，而導致牽連拖累，會有官司跟小人，必須要注意才好，在事業方面，若計劃無法奏效，應該就停止進行，不可以繼續勉強。找工作的人，發出很多的履歷，但消息石沉大海，讓你非常的憂心，卻沒有任何辦法。在考試方面，由於過分的貪玩，根本就無心上進，成功的希望渺茫。

第二十八首：塞翁失馬　中平

等閒騎馬著鞭來　半有憂危半有財

似火方燒頭上屋　天教一雨蕩殊災

籤曰：

　　近來運勢，雖然計劃很多事，但阻礙煩惱很多，若認真實行起來，將顯得辛苦勞累，在事業方面，盡量去發揮專長，但千萬要注意小人，以免讓人家扯後腿。找工作的人，有機會被人錄取，但工作性質不合，讓你不太能適

應，很可能做不長久。在考試方面，考上就算是慶幸，考
不上也別傷心，讓一切順其自然。

觀音靈籤二十八首（疾病旅遊）

第一首：善才參世尊　上吉

寶馬盈門吉慶多　官司有理勸調和

萬般得利稱全福　一箭紅心定中科

籤曰：

要旅行出遊的話，情況還算不錯，過程會很順利，不過時間上要安排妥當，以免有延誤的情況出現，年輕人很適合長途跋涉，但老年人就不太適合，在身體健康方面，會有些小毛病產生，或是經常性的過敏，但不至於嚴重影響，只要懂得保養就好，若開刀住院的話，不會有什麼問題，悉心調養就會痊癒。

第二首：賀海被災星　下下

波此分明事不通　相爭善惡不相同

利名患病皆難吉　何必勞心問始終

籤曰：

要旅行出遊的話，時機不是很恰當，會臨時發生變故，讓你東奔又西走，對於玩樂提不起勁，會有草率就結

束的可能，還不如在家好好休息。在身體健康方面，最近
不是很理想，要注意健康的變化，容易有慢性疾病出現，
若開刀住院的話，治療情況會有波折，需要事先做好準
備，免得病情漸漸惡化。

第三首：梁山伯訪友　上上

瑞氣騰騰罩吉祥　行人有利即還鄉
若占官事和最貴　和合婚姻孕產郎

籤曰：

要旅行出遊的話，可以跟朋友相約前往，結伴的話可
以互相照顧，彼此也可以聯絡感情，途中還能見到新奇有
趣的事，讓你留下深刻美好的回憶。在身體健康方面，抵
抗力會比較差，有經常感冒的現象，必須注意天氣變化，
對老年人會比較不利，若開刀住院的話，病情越拖越晚會
越難好，要趁早決定才好。

第四首：唐三藏取經　上上

在家富貴足安然　出外如同透碧天
秀士名登龍虎榜　農夫得遇大豐年

籤曰：

　要旅行出遊的話，期待很久的計劃，終於能順利實現，雖然花去不少錢，但也算滿值得的，途中一切都能順利，開開心心玩樂就好。在身體健康方面，出外時要注意安全，千萬不要逞一時之快，再者，若是探病或喪家，也都盡量不要接近，若開刀住院的話，要注意手術後的調養，病情才不會生變。

第五首：伍子胥逃關　中平

　求名問利一時難　出外行人遇友蘭
　萬事誠求神佛佑　管教刻日保平安

籤曰：

　要旅行出遊的話，原本的計劃受阻礙，讓你很悶悶不樂，不知道該怎麼辦，幸好經過周旋之後，有了圓滿的結果，可以高高興興的出遊。在身體健康方面，平常要注意保養，不要等到發生問題，才在那邊悔不當初，要懂得事先預防才好，若開刀住院的話，會有貴人前來相助，讓病情好轉有起色。

第六首：王氏女敬佛　上上

一切謀爲立便成　諸凡正直吉祥迎

婚姻名利皆如意　訟事行人保泰亨

籤曰：

要旅行出遊的話，盡量不要到異鄉去，或是時間過長的旅行，可以選擇本地附近，或是時間較短的行程，一切會比較平安順利，不會有問題發生。在身體健康方面，雖然有毛病發生，但經過醫生診斷，服用藥方之後，就會沒什麼事情了，若開刀住院的話，要找信任可靠的醫生，治療過程比較好溝通商量。

第七首：玄武帝遭難　下下

求事謀婚總見空　官災口舌藥無功

尋人失物難求覓　病阻行人路不通

籤曰：

要旅行出遊的話，中途會有許多問題，讓你非常的不高興，才去沒多久的時間，就很想打到回府，建議你要事先規劃妥當，才不會臨時發生變故。在身體健康方面，小病忽略不以爲意，結果就變成大病，應該即時求醫診斷，

接受適當治療才行，若開刀住院的話，情況比預期的糟糕，病情恐怕會加劇。

第八首：劉志遠鬥瓜精　中平

生平苦難更辛勞　且喜今年交運新
出遇貴人提拔處　猶如枯木再逢春

籤曰：

要旅行出遊的話，若猶豫不決的話，眼前機會就會錯失，雖然謹慎考慮是對的，但也不用太過矜持，應該陪家人朋友前往，享受難得的假期歡樂。在身體健康方面，環境因素的關係，沒辦法接受治療，若不尋求援助的話，病情恐怕不會好轉，若開刀住院的話，要當機立斷的決定，不要浪費寶貴的時間。

第九首：何仙姑訪道　上上

病人無事保安康　做事求財處處良
訟事平安行客至　夫妻和合百年長

籤曰：

要旅行出遊的話，可以選擇氣候宜人、環境優美的地

點，還可以找三五好友前往，大家當作聚會來聯絡感情，是很不錯的選擇。在身體健康方面，雖然現在沒有問題，也不代表可以過度操勞，平常除了工作之外，也要有休息娛樂才行，若開刀住院的話，病情能夠控制住，會漸漸好轉痊癒，不用太過擔心。

第十首：孟姜女尋夫　下下

鮮花逢雨又遭霜　　月被雲遮雪見湯
凡事不如守舊好　　貪斜只恐有驚傷

籤曰：

要旅行出遊的話，規劃好的計劃，會發生小插曲，會有成員臨時退出，以至於無法順利成行，花費好大的功夫，才解決這個問題，要注意口角是非。在身體健康方面，凡事不要逞強，要懂得自我節制，特別是酒色方面，若開刀住院的話，並不如預期理想，情況目前不穩定，需要觀察一段時間。

第十一首：劉文龍上任　上上

門庭吉慶福無邊　　相接高人事可全
名利兩般都有望　　更能修善子孫賢

籤曰：

要旅行出遊的話，過程相當順利，不用擔心害怕，儘管答應前往，會是不錯的行程，但不可以太得意忘形，以免有樂極生悲的憾事。在身體健康方面，會隱瞞家人跟朋友，不希望他們來操心，但其實這是不對的，應該說出來求助才是，若開刀住院的話，雖然會有失敗的可能，但沒想像中那麼嚴重。

第十二首：鳳仙女招親　中平

鴛鴦分散各無心　口舌官司禍患深
病者防亡有外鬼　行人托友去無音

籤曰：

要旅行出遊的話，不要隨便答應邀約，或是獨自到外地去旅行，途中恐怕發生意外事件，會危及生命安全，凡事要三思而後行，不要衝動行事才好。在身體健康方面，因為長期操勞的關係，身體已經出現毛病，應該要好好休養，不要再勉強自己，若開刀住院的話，只能盡人事、聽天命，其他一切就順其自然。

第十三首：劉先生入贅　中平

萬事諸般莫自迷　官司病患不多期

孕男婚合家中吉　失物行人明後時

籤曰：

要旅行出遊的話，會遇到以前的好朋友，兩人在異鄉不期而遇，彼此能相談甚歡、有不錯的互動，讓旅遊增添不少熱鬧，也讓你重拾以往的友誼。在身體健康方面，目前沒有什麼毛病，生活作息只要正常，大概就不會有問題，若開刀住院的話，能遇到好醫師來治療，病情很快就能痊癒出院。

第十四首：花子隱如意　上上

婚姻和合病離床　謀事求財主吉昌

失物遷移皆遂意　官司有理定無妨

籤曰：

要旅行出遊的話，原本不想去的行程，經不起朋友的慫恿，只好硬著頭皮答應，前往之後才發現，其實比預料中的好玩，讓你的心情變得開懷。在身體健康方面，都是一陣子的過敏，休息之後就沒事了，但仍要注意保養身

體，若開刀住院的話，冥冥之中會有保佑，盡管放心實行手術，結果會順利成功。

第十五首：朱賈臣求官　上中

行人立至順風船　爭訟丰豐卻勝前
若是求謀多稱意　貴人接引友周全

籤曰：

要旅行出遊的話，可以到異鄉去散心，過程將會順利，也可以增廣見聞、吸收新知，觀念想法能有改變，對未來挑戰充滿信心，在身體健康方面，不要聽不進好心勸告，糟蹋自己的身體健康，這樣會得到不良的後果，到時候後悔莫及，若開刀住院的話，若是年長者會比較不安，年輕人比較沒有問題。

第十六首：舜天子傳位　上吉

求財主有貴人招　病者無妨莫心焦
凡事須從勤修省　行人定至待明朝

籤曰：

要旅行出遊的話，行程要拿捏妥當，不要胡亂規劃，

可以順道拜訪友人，這樣不僅省事，也可以順應人情，在身體健康方面，要加強身體的抵抗力，平時要注意飲食睡眠，加上適當的運動，可保疾病不侵，若開刀住院的話，病情若已經拖很久了，恐怕不會完全痊癒，只能過一天、算一天。

第十七首：林招德放黃鶯　下下

官司橫事受諸災　家內人丁大破財
凡病必須先了愿　管教脫悔笑顏開

籤曰：

要旅行出遊的話，要預防被他人欺騙，而有上當吃虧的可能，在組團出遊之前，要先問清楚相關事宜，才不會讓自己權益受損，在身體健康方面，跟人家會有衝突，彼此會拳腳相向，會有皮肉之傷，擦藥後就沒事了，若開刀住院的話，病情要加以控制，否則有惡化的趨勢，要特別留意才好。

第十八首：楊文廣傷身　下下

出門見鬼遇兇人　賣賣經營徒辛苦
名利兩般都不順　勸君守舊俟來春

參、觀世音靈籤簡介

籤曰：

要旅行出遊的話，過程不是很順利，特別是金錢的問題，會出現短缺的現象，需要借貸來週轉，但有負債累累的可能，在身體健康方面，平常就不是很好，經常需要看病吃藥，花費不少金錢，要控制飲食作息，否則將會積勞成疾，若開刀住院的話，情況非常的緊急，最好想辦法處理，才不會更加嚴重。

第十九首：漢光武鬧昆陽　中平

官司何必決雌雄　病者誠心求上穹
起造姻緣田地吉　出門生意四時通

籤曰：

要旅行出遊的話，不要急著成行出遊，要等待適當的時機，才不會影響到工作，凡事要多考慮、多設想，才不會臨時發生問題，掃了大家旅遊的興致，在身體健康方面，疾病都是有原因的，要先檢討反省自己，不要老是抱怨，說自己的運氣不好，若開刀住院的話，不可以等閒視之，要慎重的考慮決定。

我的第一本求籤解惑書

187

第二十首：韓信築壇拜將　中平

婚姻名利問如何　石上栽松根必無

病者不安官有累　誠求佛力暗中扶

籤曰：

要旅行出遊的話，會遭遇不順心的事情，像是隨身的
行李遺失了，或是財物被偷盜一空，使得旅遊敗興而歸，
還受了一肚子氣，影響到工作情緒，在身體健康方面，暫
時是沒有什麼問題，但要注意出外的安全，特別是交通方
面，若開刀住院的話，不要隨便更換醫院，要從一而終的
治療，將會比較理想。

第二十一首：潛十藝投親　上上

家門喜慶得功名　道業興隆謀亦成

一切求財名得意　喜星高照吉星迎

籤曰：

要旅行出遊的話，時間點滿適合的，剛好遇到了空
閒，應該積極規劃行程，讓自己能享受美好假期，算是對
工作辛勞的犒賞，休息才能走更長的路，在身體健康方
面，吃藥會造成身體的負擔，因此用藥要謹慎小心，才不

會引起相關的副作用，若開刀住院的話，病情恢復得很快，短時間內就會痊癒。

第二十二首：海龍女比武　上上

出入行舟多笑容　家中財寶喜重重

官司有理行人至　病者雖危不見凶

籤曰：

要旅行出遊的話，不需要特別的行程，只要能節省金錢，不要讓自己負擔太重，都可以考慮去嘗試，說不定能獲得靈感，豐富精神的生活，在身體健康方面，小毛病會馬上痊癒，但長期性的疾病，拖越久是越不利，不太容易治的好，若開刀住院的話，要特別注意觀察，以免發生併發症狀，影響病情的穩定。

第二十三首：蔡伯喈辭朝　下下

名利求謀事不詳　病有鬼祟不離床

全憑作福求天佛　門內神明燒一香

籤曰：

要旅行出遊的話，行程上太過緊湊，來不及準備妥

當，應該推辭婉拒，不要勉強參加，才不會發生問題，在身體健康方面，已經是老毛病了，自己也非常清楚，只要節制飲食，跟避免菸酒，情況就控制的住，若開刀住院的話，情況不是很樂觀，一切都要聽天由命，不能夠太過強求。

第二十四首：周文王遇姜子牙　上吉

謀望婚姻俱得圓　病人即日可安痊
名成利就行無阻　水面經營常順船

籤曰：

要旅行出遊的話，可以前往熟悉的地方，或是嚮往已久的國度，對你會比較有吸引力，最好是跟朋友一同前往，彼此會比較有照應，在身體健康方面，平常就要保養，不要等到發病，才想到要保養身體，生命是沒有第二次機會的，若開刀住院的話，病情能夠控制住，休息一段時間後，就能夠順利出院。

第二十五首：西王母益獻地圖　上吉

春來花發映陽台　萬里舟行進寶來
躍過禹門三級浪　恰如平地一聲雷

籤曰：

　　要旅行出遊的話，若時間可以安排，也沒有什麼顧慮，不妨規劃長途旅行，到比較遠的國家去，除了能夠放鬆享受，也能增進人生經驗。在身體健康方面，雖然會比較忙碌，休息的時間較少，但只要懂得保養，就沒有什麼問題。若開刀住院的話，要請高明的醫師，病情就會有轉機，很快就可以康復。

第二十六首：魏武帝羊腸失路　　中平

人行半嶺日啣山　　峻險嶙巖未可攀
仰望上天垂護佑　　此身猶在太虛間

籤曰：

　　要旅行出遊的話，身在異鄉的時候，應該要注意安全，不要隨便的落單，最好找朋友陪伴，才不會發生危險。在身體健康方面，原本身體就不好，又長期的忽略下，病情會變得嚴重，最好趕緊的就醫，才能夠治療痊癒。若開刀住院的話，成功或失敗的機會各半，也只能夠誠心祈禱，希望一切都順利。

第二十七首：陶淵明三徑關門　下下

經商出入事遲疑　　恐惹閒愁與是非
如鳥飛投羅網陷　　相看能有幾人知

籤曰：

要旅行出遊的話，對於龍蛇混雜的場所，盡量不要逗留或出入，才不會招惹到麻煩，而影響自己的安危。在身體健康方面，經常會暴飲暴食，加上作息不正常，身體的機能衰退，若不注意的話，將有慢性的疾病。若開刀住院的話，病情已經很嚴重，恐怕沒希望恢復，只好盡人事聽天命，也沒有什麼辦法。

第二十八首：塞翁失馬　中平

等閒騎馬著鞭來　　半有憂危半有財
似火方燒頭上屋　　天教一雨蕩殃災

籤曰：

要旅行出遊的話，行程中途受阻礙，讓你玩得不愉快，心情會悶悶不樂，但幸好能夠解決，旅遊將順利進行。在身體健康方面，冒險刺激的活動，得要先衡量情況，若是不適合參加，就必須停止進行，才能夠有所保

障。若開刀住院的話，若藥物可以控制，就不需要去開

刀，風險才能夠降低，自己不妨多考慮。

觀音靈籤二十四八（感情婚姻）

第一首：善才參世尊　上吉

寶馬盈門吉慶多　官司有理勸調和

萬般得利稱全福　一箭紅心定中科

籤曰：

感情方面，是前世修來的福氣，有天作之合的緣分，非常的順心如意，還沒有對象的人，不用太過擔心煩惱，自然會有貴人出現，幫你從中來牽線，已經有伴侶的話，彼此感情會更加親密，有步上紅毯的機會，結婚之後，對方的精明能幹，將有助於自己事業的發展，彼此能同心協力合作。

第二首：賀海被災星　下下

波此分明事不通　相爭善惡不相同

利名患病皆難吉　何必勞心問始終

籤曰：

感情方面，會陷入低潮當中，讓你情緒心煩意亂，始終無法平靜下來，還沒有對象的人，最好要耐心的等待時

機，不要隨隨便便就交往，否則會遭受到打擊牽連，已經有伴侶的人，彼此原本的個性不合，最近碰巧又遇到阻礙，因而產生心結，將會有爭吵發生，嚴重的話，將走向分手一途。

第三首：梁山伯訪友　上上

瑞氣騰騰罪吉祥　行人有利即還鄉

若占官事和最貴　和合婚姻孕產郎

籤曰：

感情方面，出外人緣會不錯，能認識許多異性朋友，可以從中仔細挑選，沒有對象的人，要多參加團體的聚會，將能發現欣賞的對象，應該要好好把握，追求表白都要直接了當，千萬不要拐彎抹角，已經有伴侶的人，將會有喜事發生，讓你們結合的更加緊密，祈求的願望將有機會實現。

第四首：唐三藏取經　上上

在家富貴足安然　出外如同透碧天

秀士名登龍虎榜　農夫得遇大豐年

籤曰：

感情方面，各方面的條件成熟，時機也剛剛好配合，將會有好事情發生，沒有對象的人，會有適合的對象出現，自己的行動要加油，要花心思來討好對方，持續不斷的緊追不捨，這樣成功的機率會比較大，有伴侶的人，彼此有問題要當面溝通，不要隱瞞在心裡，否則時間一久，將互相失去信任。

第五首：伍子胥逃關　中平

求名問利一時難　　出外行人遇友蘭
萬事誠求神佛佑　　管教刻日保平安

籤曰：

感情方面，不要去招風引蝶，或者拈花惹草，這樣恐怕會發生桃色糾紛，沒有對象的人，行為舉止要節制，不要表現的輕浮，看到異性就見獵心喜，有時反到會遭受對方欺騙，落入仙人跳的陷阱，有伴侶的人，將會有第三者介入，要理智冷靜來處理，不要過度情緒化，否則很可能會出事。

第六首：王氏女敬佛　上上

一切謀爲立便成　諸凡正直吉祥迎

婚姻名利皆如意　訟事行人保泰亨

籤曰：

感情方面，最近應該多出散心，不要太過牽掛思念，說不定能遇到好緣分，沒有對象的人，應該要廣結善緣，多跟其他人接觸，增加曝光的機會，別人才會有機會注意你，幫你介紹男女朋友，有伴侶的人，自己要多關心對方，不要老是說不出口，其實對方內心正在等待，你要更明確的表達愛意。

第七首：玄武帝遭難　下下

求事謀婚總見空　官災口舌藥無功

尋人失物難求覓　病阻行人路不通

籤曰：

感情方面，心情不是很愉快，身邊的事情繁雜，讓你有點喘不過氣，沒有對象的人，會遇到心動的異性，但只是短暫邂逅而已，沒辦法有深入的交集，必須要能夠看的開，才不會產生煩惱憂慮，有伴侶的人，彼此會發生爭

吵，對方會藉故提出分手要求，如果無法挽回的話，倒不如好聚好散。

第八首：劉志遠鬥瓜精　中平

生平苦難更辛勞　且喜今年交運新
出遇貴人提拔處　猶如枯木再逢春

籤曰：

感情方面，將面對實際的困難，讓你心裡面難以選擇，不知道該怎麼辦才好，沒有對象的人，會有人來擾亂你的生活，你不是很喜歡對方，最好要加以拒絕，不要答應對方的追求，有伴侶的人，對方可能腳踏兩條船，讓你很傷心難過，若你真的很愛對方，應該要想辦法挽回，不然感情將不會長久。

第九首：何仙姑訪道　上上

病人無事保安康　做事求財處處良
訟事平安行客至　夫妻和合百年長

籤曰：

感情方面，會有不錯的機緣出現，要耐心的等待，對

方會主動來搭訕認識，沒有對象的人，會遇到異性跟你示好，若你覺得看對方順眼，就可以大方接受，若覺得不來電的話，也可以當作普通朋友，有伴侶的人，彼此可以多出遊約會，培養聯絡一下感情，將有助於感情的進展，會更加的甜蜜。

第十首：孟姜女尋夫　下下

鮮花逢雨又遭霜　月被雲遮雪見湯

凡事不如守舊好　貪斜只恐有驚傷

籤曰：

感情方面，過去的感情創傷，其實還沒完全消除，應該要讓時間慢慢沖淡，沒有對象的人，對方的誠意有問題，不要馬上答應對方，要先觀察一陣子再說，才不會上當而吃虧，導致人財兩失，有伴侶的人，對方的行為古怪，讓你疑神疑鬼，彼此將有心結產生，若不加以解決，將因為猜忌而分手。

第十一首：劉文龍上任　上上

門庭吉慶福無邊　相接高人事可全

名利兩般都有望　更能修善子孫賢

籤曰：

感情方面，將到處去旅行觀光，途中將會不期而遇，認識談得來的異性，沒有對象的人，應該要主動出擊，去尋找適合的伴侶，不要只靠別人介紹，自己要勇敢表達心意才行，對方將對你產生好感，有伴侶的人，彼此的心情良好，就算遇到阻礙困難，也會遇到貴人幫忙，讓事情能夠順利解決。

第十二首：鳳仙女招親　中平

鴛鴦分散各無心　　口舌官司禍悉深
病者防亡有外鬼　　行人托友去無音

籤曰：

感情方面，顯得非常坎坷，遇到的都不是好對象，還讓你受到感情創傷，沒有對象的人，要睜大眼睛仔細尋找，不要憑感覺就衝動行事，這可會讓你嚐到苦頭，到時候充滿怨言，卻無處傾訴發洩，有伴侶的人，對方的冷嘲熱諷，讓你想離開，不過要漸漸地疏遠，才不會引發糾紛。

第十三首：劉先生入贅　中平

萬事諸般莫自迷　官司病患不多期

孕男婚合家中吉　失物行人明後時

籤曰：

感情方面，會有很多人幫你介紹，讓你約會應接不暇，要懂得安排分配時間，沒對象的人，會有長輩來家中訪問，順便替你牽線認識異性，自己可以考慮看看，說不定是個好機緣，有伴侶的人，雖然人緣好、桃花多，但不要因此被誘惑，情慾還是要節制點才行，彼此感情才能長久，有個完美的結局。

第十四首：花子隱如意　上上

婚姻和合病離床　謀事求財主吉昌

失物遷移皆遂意　官司有理定無妨

籤曰：

感情方面，會遇到適合的伴侶，對方能帶給你好運，讓你變得春風得意，沒有對象的人，其實身邊友人在暗戀你，只是對方裝做不在乎，你應該敏感一點，試探對方的心意，說不定就能成為情侶，有伴侶的人，經過一番波折

之後，所有的誤會都澄清了，彼此願意重修舊好，感情親密更勝以往。

第十五首：朱買臣求官　上中

行人立至順風船　爭訟年豐卻勝前
若是求謀多稱意　貴人接引友周全

籤曰：

感情方面，應該要涵養才華能力，不要急著想談戀愛，否則將欲速則不達，沒有對象的人，不可以強求感情，而與異性糾纏不清，不但浪費時間精力，還可能身敗名裂，不可不謹言慎行，有伴侶的人，會因為金錢的緣故，雙方發生爭執口角，應該要平心靜氣下來，好好商量將能有轉機。

第十六首：舜天子傳位　上吉

求財主有貴人招　病者無妨莫心焦
凡事須從勤修省　行人定至待明朝

籤曰：

感情方面，不是說沒有機會認識，而是太過於矜持，

機會有可能白白溜走，沒有對象的人，要注重外在的形象，將自己給改頭換面，才有可能成為焦點，才有機會接近異性，談心裡想要的戀愛，有伴侶的人，對方的心情不愉快，連帶也影響到你，讓彼此陷入低潮當中，要多給對方一些時間來調適。

第十七首：林招德放黃鶯　下下

官司橫事受諸災　家內人丁大破財
凡病必須先了愿　管教脫悔笑顏開

籤曰：

感情方面，身體健康不是很理想，沒有心情管感情的事，最好是暫時安分忍耐，沒有對象的人，會被捲入其他人的感情糾紛，讓你遲遲無法脫身，必須面對麻煩上門，你顯得相當的無奈，但也只能等待事情落幕，有伴侶的人，彼此的心都已經改變，有貌合神離的現象，感情會慢慢的冷淡疏遠。

第十八首：楊文廣傷身　下下

出門見鬼遇兇人　買賣經營徒辛苦
名利兩般都不順　勸君守舊待來春

籤曰：

感情方面，男女關係有點的複雜，別人不太敢介入插手，只能靠自己來處理，沒有對象的人，雖然有喜歡的對象，也很認真的追求，但無奈對方看不上你，最好要趕快死心，不要再執迷不悟，有伴侶的人，會有三角戀情的產生，要懂得應付這種局面，心裡也要有所覺悟，感情很可能會兩頭空。

第十九首：漢光武鬧昆陽　中平

官司何必決雌雄　病者誠心求上穹
起造姻緣田地吉　出門生意四時通

籤曰：

感情方面，很容易被人家給誤會，有許多的感情糾紛，要盡量避免尷尬，沒有對象的人，不要隨便介入別人的感情，否則將破壞原有的人際關係，到時候讓你很難下臺，有伴侶的人，彼此的感情會生變，多半是對方的舊情人回頭，讓你非常的受不了，若不好好溝通協調，就只有忍痛割捨這段情。

第二十首：韓信築壇拜將　中平

婚姻名利問如何　石上栽松根必無

病者不安官有累　誠求佛力暗中扶

籤曰：

感情方面，會想要積極的尋找，不過都是徒勞無功，心情顯得悶悶不樂，沒有對象的人，建議你要先從普通朋友做起，不要一下子進展得太快，要觀察清楚對方的底細，否則將會遭受欺騙，有伴侶的人，發生問題的時候，不要總是指責對方，把責任推的一乾二淨，這樣下去，感情會變得糟糕。

第二十一首：潘十藝投親　上上

家門喜慶得功名　道業興隆謀亦成

一切求財名得意　喜星高照吉星迎

籤曰：

感情方面，不要聽信別人的讒言，要相信自己的眼光，才不會看錯他人，沒有對象的人，會認識有才華的異性，對方對你滿有好感的，要懂得積極把握，不要讓對方空等待，有伴侶的人，彼此感情非常融洽，可以一起實踐

夢想，像是到處去旅遊，或是開創事業、賺進財富，都是
不錯的選擇。

第二十二首：海龍女比武　上上

出入行舟多笑容　家中財寶喜重重
官司有理行人至　病者雖危不見凶

籤曰：

感情方面，要廣泛學習興趣，培養一些嗜好運動，將
有助於人際的擴展，沒有對象的人，雖然心裡很著急，深
怕錯過好機會，但也不能表現出來，否則將會嚇跑對方，
反倒弄巧成拙，有伴侶的人，彼此的個性相合，興趣也一
致，應該要多參加團體活動，將能夠共同合作，開創美好
的未來。

第二十三首：蔡伯喈辭朝　下下

名利求謀事不詳　病有鬼祟不離床
全憑作福求天佛　門內神明燒一香

籤曰：

感情方面，要懂得潔身自愛，不要涉足不良場所，才

不會發生桃色糾紛，沒有對象的人，感情應該循序漸進，不要直接就衝動行事，否則將引發許多爭議，將無法獲得別人的祝福，有伴侶的人，要真誠的付出感情，若只迷戀對方的外表，或貪圖物質的條件，這樣感情恐怕會生變，自己會嚐到苦果。

第二十四首：周文王遇姜子牙　上吉

謀望婚姻俱得圓　　病人即日可安痊
名成利就行無阻　　水面經營常順船

籤曰：

感情方面，雖然遇到阻礙困難，但重要關頭的時候，都能夠化險為夷，沒有對象的人，不是本身的條件不好，只是還沒有人發掘你，應該大方展現才藝，讓大家肯定你的人品，將有助於談感情，有伴侶的人，經歷過許多的考驗，彼此還是願意信任對方，所以感情會越來越穩固，跟對方廝守終身。

第二十五首：西王母益獻地園　上吉

春來花發映陽台　　萬里舟行進寶來
躍過禹門三級浪　　恰如平地一聲雷

籤曰：

感情方面，雖然是自己選擇，但是長輩的意見，也必須參考進去，將不會發生問題，沒有對象的人，緣分已經成熟了，不久後就會來到，對方的條件不錯，讓你非常的驚訝，有伴侶的人，要多跟對方約會，可以一起去出遊，增加彼此的感情，途中發生的點點滴滴，將成為日後美好回憶。

第二十六首：魏武帝羊腸失路　中平

人行半嶺日御山　峻險巉巖未可攀
仰望上天垂護佑　此身猶在太虛間

籤曰：

感情方面，有許多煩惱的事，讓你不能夠分心，但情緒顯得鬱悶，而沒有什麼精神，沒有對象的人，自己的處境艱難，加上條件不理想，所以沒有人欣賞，暫時最好是忍耐，不妨去祈求上天，有伴侶的人，現在的環境不佳，經濟的壓力沉重，若是要結婚的話，就得從長計議，不可以衝動行事。

第二十七首：陶淵明三徑關門　下下

經商出入事遲疑　恐惹閒愁與是非
如鳥飛投羅網陷　相看能有幾人知

籤曰：

感情方面，凡事要謹慎小心，不要被美色給迷惑，忘記該有的分寸，否則將惹禍上身，沒有對象的人，身旁的機會很多，但自己都不滿意，東挑西選的結果，往往是白忙一場，沒有任何的結果。有伴侶的人，由於觀念个成熟，雖然剛開始熱絡，但漸漸會變冷淡，還可能不歡而散，造成雙方的心結。

第二十八首：塞翁失馬　中平

等閒騎馬著鞭來　半有憂危半有財
似火方燒頭上屋　天教一雨蕩殊災

籤曰：

感情方面，要重視心靈層次，不要太過於執著，而把物質看得重，否則會產生煩惱，沒有對象的人，一兩次的戀愛失敗，並不代表些什麼，必須要再接再厲，努力的尋找真愛，就有機會成功。有伴侶的人，關係不是很穩定，

相處會有些隔閡，若溝通商量無效，不妨就趁早放棄，另外再尋找對象。

諸葛武侯靈籤

三國中的諸葛亮，也就是孔明，幫助劉備三分天下的軍師。劉備三顧茅廬，終於感動了諸葛亮，而諸葛亮也立即獻策隆中對；諸葛亮飽讀詩書，上知天文、下通地理，也善於面相觀人，知其忠奸，由於其盡忠職守，輔佐後主，宣誓出師表、來討伐曹魏，鞠躬盡瘁、死而後已的精神，讓人受到感召，因而建立祠堂祭祀。

肆、諸葛武侯靈籤簡介

諸葛武侯靈籤簡介

　　諸葛武侯就是三國中的諸葛亮，也就是孔明，是幫助劉備三分天下的軍師。由於其盡忠職守，輔佐後主，宣誓出師表、來討伐曹魏，鞠躬盡瘁、死而後已的精神，讓人受到感召，因而建立祠堂祭祀。

　　其中有名的故事很多，像是劉備三顧茅廬，終於感動了諸葛亮，而諸葛亮也立即獻策隆中對，提出天下三分的構想，要求劉備入四川巴蜀，以其險要地利，跟曹魏、東吳形成對抗。後來赤壁之戰的時候，與東吳合作聯手，孔明借來東風，並用連環計，加上火攻，就是著名的火燒連環船，大敗曹操的八十萬魏軍，而名留青史。後來隨著關羽被害，劉備也跟著病逝，孔明就擔起重任，輔佐阿斗登上帝位，不但勤修內政、任用賢才，也同時平定南蠻，不但用火擊退藤甲兵，七次擒捉孟獲的故事，也讓人非常感動。而北伐曹魏、六出祈山，與司馬懿的交戰，彼此的過招，更是描寫智慧權謀，人性心理的最佳典範，像是三十

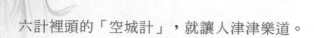

六計裡頭的「空城計」，就讓人津津樂道。

諸葛亮飽讀詩書，上知天文、下通地理，也善於面相觀人，知其忠奸，像魏延生有反骨就是一個例子，並且所推演的兵法，攻無不克、戰無不勝，而八陣圖就是為人所津津樂道的作品。因此後人有問題難以解決的話，通常希望藉由諸葛武侯的指引，來尋找可能的出路，特別是在開展事業、或是生意來往上，會有一定的準確度。

靈籤說明與案例導讀

關於靈籤的由來，若有前往寺廟拜拜，就會知道那是什麼，其實也就是占卜問卦，只不過對象不相同，內容項目也不同，一般人都會好奇想抽籤，不然就是遭遇到困難，或是難以決定的事情，所以想請求神明指點，在從前的社會中，對於信仰相當虔誠，所以抽籤是重大的事，絕對不可以馬虎，必須要準備牲禮，鮮花五果，並且焚香禱告，然後再利用擲筊的結果，來確定能否抽籤，以及確定抽到的籤，就是神明所要傳達的旨意。而現在人雖然文明，很多事能自行處理，很少有機會到廟裡抽籤，或者根本沒時間前往，但人難免會有疑惑，陷入無助的情況，這時就可以利用靈籤，來幫助我們解答疑惑，或許就會有所

幫助。

　　靈籤的使用除了傳統的方式，也就是擲筊抽籤之外，也有很多種其他方式，只要是心誠就會靈驗，而不用太在意形式。以下提供的方式，適用於各種靈籤，內容只是作為參考，而不是說一種靈籤只能有一種方式，或特定方式才能使用。

案例一：諸葛武侯靈籤

　　首先準備一本較厚的書，利用翻書頁來抽籤。

　　一、先知道靈籤的數目，像是二十八籤、或三十二籤。若假設是三十二籤。

　　二、接著利用翻書頁求十位數，任意翻出一頁次後，假設得出125頁，125必須除以4求餘數，得出餘數等於1，那麼十位數就是1。（因為是三十二籤，所以要除以4，若是二十八籤，就是除以3）

　　三、接著利用翻書頁求個位數，任意翻出一頁次後，假設得出86頁，86必須要除以10求餘數，得出餘數是6，那麼個位數就是6。（若頁次翻出10以下，就可以直接當成個位數，不必再求餘數，若10剛好整除，就剛好等於0，但若

十位數跟個位數都是0時，就必須要重新抽籤）

　　四、尋找諸葛武侯靈籤第十六籤，並依照所求事項，來觀看靈籤解答。

　　五、假設是詢問【生意】，則靈籤解答如下：

第十六籤　保安卦　中吉

　　枯木逢春再發開　如同古鏡又重明

　　做事諸般皆大吉　招財進寶順風逢

籤曰：

　　在財運方面，若真的有急需的話，可以想辦法借貸，應付眼前的難關，但是要量力而為，不可以超過負擔，等待時機一到，自然有貴人出現，指點你賺錢的方向，經商做生意的話，環境景氣已經轉好，情況對你十分有利，可盡量與人合作，商量合作的計劃，投資將迅速的進行，相信不久就能回收獲利。

案例二：諸葛武侯靈籤

　　首先準備一本較厚的書，利用翻書頁來抽籤。

216

一、先知道靈籤的數目，像是二十八籤、或三十二籤。若假設是三十二籤。

二、接著利用翻書頁求十位數，任意翻出一頁次後，假設得出114頁，114必須除以4求餘數，得出餘數等於2，那麼十位數就是2。（因為是三十二籤，所以要除以4，若是二十八籤，就是除以3）

三、接著利用翻書頁求個位數，任意翻出一頁次後，假設得出74頁，74必須要除以10求餘數，得出餘數是4，那麼個位數就是4。（若頁次翻出10以下，就可以直接當成個位數，不必再求餘數，若10剛好整除，就剛好等於0，但若十位數跟個位數都是0時，就必須要重新抽籤）

四、尋找諸葛武侯靈籤第二十四籤，並依照所求事項，來觀看靈籤解答。

五、假設是詢問【健康】，靈籤解答如下：

第二十四籤　凝滯卦　下下

朱雀臨門上卦來　　提防官訟有非災
破財惹禍宜謹慎　　勸君忍耐好安排

籤曰：

在身體健康方面，由於一直忍耐疼痛，沒有去做身體檢查，等到發現的時候，病情可能已經惡化，正需開刀住院的話，會有人為的疏失，要特別謹慎留意，否則病情將不看好，醫療糾紛難免，要旅行的話，太奔波勞累的行程，不如在家好好休息，搬遷的話，經濟上出現問題，最好暫時打消念頭，繼續留在原地會比較好。

案例三：諸葛武侯靈籤

首先準備一本較厚的書，利用翻書頁來抽籤。

一、先知道靈籤的數目，像是二十八籤、或三十二籤。若假設是二十八籤。

二、接著利用翻書頁求十位數，任意翻出一頁次後，假設得出131頁，131必須除以4求餘數，得出餘數等於3，那麼十位數就是3。（因為是三十二籤，所以要除以4，若是二十八籤，就是除以3）

三、接著利用翻書頁求個位數，任意翻出一頁次後，假設得出92頁，92必須要除以10求餘數，得出餘數是2，那

麼個位數就是2。（若頁次翻出10以下，就可以直接當成個位數，不必再求餘數，若10剛好整除，就剛好等於0，但若十位數跟個位數都是0時，就必須要重新抽籤）

　　四、尋找諸葛武侯靈籤第三十二籤，並依照所求事項，來觀看靈籤解答。

　　五、假設是詢問【感情】，靈籤解答如下：

第三十二籤　光明卦　上吉

曾看牛女渡銀河　今見微雲薄似羅
萬里清光呈宇宙　桂花風露影婆娑

籤曰：

　　若來是單身的人，自己的條件優秀，但還是需要別人的介紹，會比較快找到適合對象，若真的成功速配的話，到時候可要懂得感謝回饋，有對象交往的話，彼此的心意相通，會體諒對方的難處，所以感情維持的很好，沒有太大的困擾，在婚姻方面，若能同心協力，將能有所成就，婚姻幸福美滿。

諸葛武侯靈感神籤（感情婚姻）

第一籤　星震卦　上上大吉

平生如得今年運　喜逢吉慶更嘉新

財旺貴神榮祿至　百事遂心護福人

籤曰：

若是單身的人，現在的時機不錯，能認識條件優秀的異性，你應該要有所行動，不要害怕配不上對方，那將會失去機會，有對象交往的話，彼此個性能互補，也都很有才華能力，是大家公認的佳偶，應該要好好珍惜緣分，未來將能開花結果，在婚姻方面，互相體諒、互相包容，就不會有什麼問題。

第二籤　從隔卦　上平

做事皆因宜改變　臨身疾雨亦安然

占得此卦絲毫好　出路求財便遇春

籤曰：

若是單身的人，必須要靠人居中牽線，才有感情發展的機會，否則就算等上很久的時間，也不見得能遇到心儀

對象，自己要考慮清楚才好，有對象交往的話，若對方發脾氣，要先忍耐下來，反省自己的不是，這樣才能夠解決問題，有溝通商量的餘地，在婚姻方面，會因為金錢糾紛而爭吵不休。

第三籤　曲直卦　上平

　　火盆正發出蓮紅　　一朵重開結秀先

　　意獲大乘皆吉慶　　倍加福利喜無邊

籤曰：

　　若是單身的人，要多去認識朋友，參加團體的活動，藉著人際關係的擴展，才能有機會認識異性，再從中挑選你喜歡的，向對方告白交往，有對象交往的話，正處於熱戀時期，眼裡只有對方而已，雖然現在如此親密，但當激情過後時，也要冷靜考慮未來發展，在婚姻方面，彼此琴瑟和鳴，能白頭偕老。

第四籤　潤下卦　中下

　　憂心頓改所求昌　　十分倍利福門開

　　好事成喜皆大吉　　合家康寧永無災

籤曰：

若是單身的人，有悶悶不樂的現象，可以盡量出門走走，不要老是關在家裡，說不定心情就能開朗，還可能遇到欣賞的對象，有對象交往的話，要循序漸進的發展，千萬不要操之過急，否則會讓對方反感，影響到彼此的信任，在婚姻方面，對方跟你的條件匹配，彼此個性能互相包容，是段不錯的姻緣。

第五籤　災正卦　下下

明月當空黑霧迷　白雪紛紛又雨濛
急思孝敬椿萱老　禍去災消自有褆

籤曰：

若是單身的人，事情接二連三發生，讓你無暇分身處理，情緒陷入低潮當中，暫時沒有什麼心思，肯花費在感情上頭，一切先度過這段時間再說，有對象交往的話，跟對方的關係有變化，通常是外來因素的影響，彼此產生了嫌隙，恐怕無法重修舊好，在婚姻方面，個性不搭，家庭失和，有離婚的可能。

第六籤　稼穡卦　平平

連年做事不分明　欺善怕惡損前程

日日求財無利息　朝朝惟有是分生

籤曰：

若是單身的人，千萬不要太過強求，緣分自然會來到，應該放寬心才好，避免影響到情緒，造成工作表現不理想，有對象交往的話，彼此的感情轉變冷淡，對方有求去的可能，但還有挽回的餘地，關鍵就在自己身上，在婚姻方面，要好好溝通商量，問題才能順利解決，否則將有心結產生。

第七籤　進求卦　上上

布施齋僧及放生　陰功積福後無窮

欲保百年增富貴　孝義常增永康君

籤曰：

若是單身的人，會有人熱心幫你介紹，讓你認識許多的異性，其中不乏個性相近、興趣相同的人，應該考慮認眞追求，將會有不錯的結果，不用再尋尋覓覓，有對象交

往的話，彼此的感情日漸深厚，願意互相付出扶持，將有機會攜手共度，踏上婚姻的紅毯，在婚姻方面，家庭能和氣生財，感情將十分融洽。

第八籤　進寶卦　上吉

不謀不動不辛勤　送寶今朝龍進門
家宅光輝多吉慶　更兼福壽兩雙全

籤曰：

若是單身的人，將會有良緣出現，自己要懂得把握，不要三心二意的，態度要堅定果決，對方才會願意答應交往，不然只是萍水相逢而已，有對象交往的話，對方幫助你很多，應該要好好珍惜，不要辜負對方的心意，感情才能長長久久，在婚姻方面，彼此是天作之合，能互相配合發揮，家運相當旺盛。

第九籤　獲安卦　中吉

今年運出永無災　感謝天恩降福來
可去求財做買賣　四方進祿稱心懷

籤曰：

若是單身的人，要適時打開心防，不要一直封閉自己，壓抑著情感，有時候感情是無法預料的，應該要順其自然發展，才不會造成內心的痛苦，有對象交往的話，彼此關係將有進展，會比以往更親密貼近，見面相處的時間會增加，在婚姻方面，要能相互體諒，不要爭執吵鬧，婚姻才能和諧。

第十籤　遂心卦　中吉

逢凶化吉事可奇　遇難成祥樂有餘
今正思憶多年事　開豁胸中氣自舒

籤曰：

若是單身的人，雖然遇到了挫折，但不要因此氣餒，要重新振作起來，身邊還是有許多好機會，等著你去大膽追求，有對象交往的話，會遇到許多問題，而產生口角衝突，若不即時化解，情況將會越演越烈，甚至無法收拾善後，在婚姻方面，會有問題產生，但最後能夠解決，恢復以往的平靜。

第十一籤　災散卦　中吉

逐日朝朝只在家　安居錦上再添花

寶物不求嘗有趣　天時富貴更榮華

籤曰：

若是單身的人，會因為工作的關係，在外認識不少異
性朋友，有幾個滿談的來的，若想要認真談感情，不妨從
中仔細挑選，會比較事半功倍，有對象交往的話，跟對方
關係緊密，需要彼此的扶持，能夠一同開創未來，是情侶
也是夥伴，在婚姻方面，將會有喜事發生，多半是家裡添
丁，或是升官發財之類的。

第十二籤　上進卦　上平

禾苗久旱降甘霖　客旅他鄉見故歸

秀才儒士登金榜　龍門奮躍上青雲

籤曰：

若來是單身的人，若已經有了目標，就要盡全力追
求，不要害怕失敗，機會是不會等待的，若還沒有目標，
也應該積極尋找，才能夠如願以償，有對象交往的話，有

爭執吵鬧的現象，彼此陷入冷戰當中，幸好有朋友從中協調，才讓感情又再度合好，在婚姻方面，配偶是你的貴人，要懂得體貼關懷才行。

第十三籤　暗昧卦　下吉

占得此卦不為高　　求財未有半分毫
早出夜入空費力　　提防小人暗放刁

籤曰：

若是單身的人，感情追求的過程，時常遇到阻礙困難，卻都無法順利解決，應該要好好反省，多請教他人的意見，有對象交往的話，將會有第三者介入，破壞彼此的感情，對方會選擇離去，留下傷心難過的你，要懂得調適心情，凡事看的開才好，在婚姻方面，彼此忍無可忍而鬧翻，恐怕將覆水難收。

第十四籤　安靜卦　下吉

勸君為善莫行凶　　萬頃心田常自摩
父母堂前湏孝敬　　天理昭然福氣多

籤曰：

若是單身的人，若喜歡的對象不理睬你，就不要再死纏濫打下去，應該要另外尋找對象，比較不會白費力氣，有對象交往的話，若個性不合、脾氣不搭的話，應該儘早協議分手，不要一直拖延下去，耽誤寶貴的青春，在婚姻方面，彼此脾氣都很暴躁，動不動就起口角衝突，婚姻恐怕會有變化。

第十五籤　阻折卦　下下

玄武人皆主破財　提防口舌有官非

切忌盜財借水火　戶內之人逆事災

籤曰：

若是單身的人，一直沒有好對象出現，只能耐心等待時機，不要隨隨便便交往，否則將是自討苦吃，有對象交往的話，自己的心思浮動不安，會受到他人的誘惑，若無法把持的住，將會造成對方的不諒解，而彼此走向分手一途，在婚姻方面，要懂得培養情趣，彼此關係就會改善，而能夠漸入佳境。

第十六籤　保安卦　中吉

枯木逢春再發開　　如同古鏡又重明

做事諸般皆大吉　　招財進寶順風逢

籤曰：

若是單身的人，經過漫長的等待，現在終於有機會，可以積極的採取行動，多注意身邊的異性，將會有適合你的對象出現，可以大膽的追求告白，有對象交往的話，多跟對方聊天溝通，增加彼此的認識，將有助於感情的進展，在婚姻方面，目前家運興隆，將有好事情發生，夫妻感情會更和諧。

第十七籤　喜至卦　中吉

平生遇得今年運　　鮮網張魚順水流

百事所求皆遂意　　出入經營貴人扶

籤曰：

若是單身的人，要多參加團體聚會，擴展自己的人際，認識一些新的朋友，特別是異性的朋友，千萬不要害怕接觸，對感情將會有幫助，有對象交往的話，對方會滿

照顧你的，你也應該有所表示，有話要勇敢表達，不要都只放在心裡，在婚姻方面，各方面都能順心如意，不用太過擔心煩憂。

第十八籤　保命卦　中平

占得此卦遇青龍　求財各處盡虛空
諸般快捷如運轉　病卻無妨亦不凶

籤曰：

若是單身的人，要考慮清楚自己的條件，不要老是不切實際的幻想，感情不能夠當作遊戲，要認真的面對才行，有對象交往的話，會發生一些不愉快的事情，讓彼此的信任度減低，應該要冷靜分開一段時間，不要急著想要解決問題，在婚姻方面，若不適合在一起，也應該要好好協調，不要連累到其他人。

第十九籤　猶豫卦　下下

卦遇五鬼定有殃　六畜小口見損傷
混混沌沌常如夢　昏昏沉沉病臥床

籤曰：

若是單身的人，其實緣分就在身邊而已，是認識多年的好朋友，只不過一直沒有產生火花，但最近將會有機會，把你們湊合在一起，而成為一對情侶，有對象交往的話，過程會一波三折，會有互相猜忌的現象，將面臨分手的危機，在婚姻方面，家運不太理想，彼此會很辛苦，要共度難關才行。

第二十籤　豐稔卦　中吉

　　撥雲見月再團圓　　丹桂花開朵朵鮮
　　出路經營多倍利　　家門清吉福綿綿

籤曰：

　　若是單身的人，最近人緣好了起來，在很多場合很受歡迎，能認識許多異性朋友，若想要擺脫單身的生活，就應該趁此機會，好好尋找交往對象，有對象交往的話，對方跟你滿搭配的，也願意跟你深入發展，你應該做好準備，維持感情穩定才是，在婚姻方面，沒有什麼困擾阻礙，一切都很平安順利。

第二十一籤　得祿卦　上吉

求謀遂意有經營　　出路榮華宜遠行
家宅平安多吉慶　　人口興旺六畜增

籤曰：

若是單身的人，將會有遠行的機會，多半是出差或旅遊，途中將會有桃花運，可認識迷人的異性，讓你非常欣賞心動，可以考慮展開追求，有對象交往的話，對方的條件不錯，背景相當優秀，應該要把握眼前機會，不要讓這段緣分溜走，在婚姻方面，雙方父母親都很贊成，會是天作之合。

第二十二籤　明顯卦　中吉

得占此卦命合通　　撥雲見日照西東
求財得利見官吉　　有事可見喜萬重

籤曰：

若是單身的人，剛開始追求會遇到阻礙，但會有朋友從中幫助，任何困難都會順利解決，最後能順利擄獲芳心，贏得對方的青睞，而成為男女朋友，有對象交往的

話，不要特意張揚，盡量保持低調，就不會引起麻煩，戀情自然就能夠穩定發展，在婚姻方面，夫妻要像無話不談的朋友，就能減少不必要的摩擦。

第二十三籤　祐福卦　上上

家門安泰喜氣生　　出路經營利息增

禍又福來添光彩　　做事求謀到處收

籤曰：

若是單身的人，經過一段時間的沉潛，整個人變得更有風采，能夠吸引週遭人的目光，異性緣相當的旺盛，若想要談戀愛的話，正是春風得意的時候，有對象交往的話，會遇到不如意的事，讓彼此有些不滿，但經過解釋之後，一切都會雨過天晴，在婚姻方面，會有發財的消息，彼此能夠和樂融融。

第二十四籤　凝滯卦　下下

朱雀臨門上卦來　　提防官訟有非災

破財惹禍宜謹慎　　勸君忍耐好安排

籤曰：

若是單身的人，會有人來接近追求，但自己卻無動於衷，若眞的沒有意願，應該加以拒絕，不要勉強答應才是，有對象交往的話，會爆發激烈的衝突，會互相指責對方的不是，若沒有一方願意退讓忍耐的話，戀情恐會在謾罵中結束，在婚姻方面，彼此個性不合，若繼續勉強下去，對彼此都不太好。

第二十五籤　顯達卦　上吉

　　求謀榮顯更親相　　喜得橫財共珠珍
　　出入通達多吉慶　　合家大小皆歡欣

籤曰：

　　若是單身的人，追求要眞心誠意的，不要只是想滿足私慾，而選擇欺騙玩弄對方的感情，那樣會讓你吃不完兜著走，成為大家唾棄的人士，有對象交往的話，會遭受到週遭人的反對，需要花時間來克服，凡事不要操之過急，慢慢進行就可以，在婚姻方面，要跟配偶好好配合，婚姻才能順利經營。

第二十六籤　福源卦　中吉

　　此路經營得意還　　貴人相助發財源

合家大小皆和順　綿綿福壽樂長年

籤曰：

若是單身的人，選擇對象要精挑細選，不要只是憑感覺喜好，要深入了解對方的個性，是否能跟自己搭配，才展開追求的行動，會比較有好結果，有對象交往的話，大家都滿看好你們，由於受到許多的祝福，戀情將能夠穩定發展，在婚姻方面，對方是個好幫手，能處理大小事務，讓你無後顧之憂。

第二十七籤　　太平卦　　大吉

人善人欺天不欺　　諸事稱心不成危

出入經商加倍利　　雨順風調十倍收

籤曰：

若是單身的人，會遇到欣賞的對象，但卻遲遲不敢行動，對方正等待你的決定，應該要早點下定決心，否則機會將被其他人給搶走，有對象交往的話，會突然冒出第三者，來跟你展開爭奪，若無法堅持到底，恐怕會有失戀的可能，在婚姻方面，家庭和樂、好事連連，能在穩定中求發展。

第二十八籤　顛險卦　不吉

白虎交重最不祥　湏防盜賊及禍殃
連遭官刑幷喪事　疾病淹纏壽不長

籤曰：

若是單身的人，會有走桃花運的機會，不過要注意對方的動機，很可能是另外有所企圖，要十分的小心注意，才不會落得人財兩失，有對象交往的話，彼此會有財務糾紛，為此鬧得很不愉快，感情恐怕會有所變化，要有心理準備才好，在婚姻方面，就要度過難關，應該耐心等待，不要有所動作。

第二十九籤　開發卦　中吉

開發亨通百事周　倍增歡喜永無憂
掌拳感謝蒼天力　田地加添置馬牛

籤曰：

若是單身的人，想要有好的感情歸宿，就必須改變自己的脾氣，這樣自然會有異性接近，否則感情都不會長久，只是露水姻緣而已，有對象交往的話，對方會有些抱

怨，應該要特別重視，對方才會感到尊重，願意聽從你的意見，在婚姻方面，雖然有波折產生，但最後都能圓滿解決，不用太過擔心。

第三十籤　英楊卦　中吉

　　謀事求財大吉昌　　公私大盜並無妨
　　心存正直諸邪怕　　容德聲名播四方

籤曰：

　　若是單身的人，追求的過程當中，會遭到他人的破壞，以至於對方不理睬你，你要趕緊想辦法解釋，最好是當面跟對方詳談，才能化解誤會尷尬，有對象交往的話，對方生性多疑，會比較敏感一點，你要多包容對方，慢慢來導正對方的脾氣，在婚姻方面，配偶體弱多病，你會比較辛苦勞累，但不要太過計較。

第三十一籤　無數卦　下下

　　猛虎山前逢子路　　麒麟坡下遇樵夫
　　君子欲問名與利　　烈日消霜半點無

籤曰：

　　若是單身的人，要懂得自己的處境，以及目前的條件，不要做白日夢，想要高攀權貴的對象，那只會讓你顯得難堪，將會沒有人願意理睬你，有對象交往的話，要注意對方私下的舉動，對方可能另結新歡，而把你蒙在鼓裡，要有自知之明才好，在婚姻方面，面臨離婚官司，暫時不會好過。

第三十二籤　光明卦　上吉

曾看牛女渡銀河　今見微雲薄似羅
萬里清光呈宇宙　桂花風露影婆娑

籤曰：

　　若是單身的人，自己的條件優秀，但還是需要別人的介紹，會比較快找到適合對象，若真的成功速配的話，到時候可要懂得感謝回饋，有對象交往的話，彼此的心意相通，會體諒對方的難處，所以感情維持的很好，沒有太大的困擾，在婚姻方面，若能同心協力，將能有所成就，婚姻幸福美滿。

諸葛武侯靈感神籤（財運生意）

第一籤　星震卦　上上大吉

平生如得今年運　　喜逢吉慶更嘉新

財旺貴神榮祿至　　百事遂心護福人

籤曰：

　　在財運方面，最近的財源穩定，應該好好規劃，尋找有利的投資，並且多跟人家接觸，商量合作的事宜，將可以獲得意想不到的好處，會有不錯的進帳，經商做生意的話，必須要廣結善緣，努力開展自己的客源，而且要想辦法增添花樣，像是環境的整修，或是贈品的回饋，才能夠留住客戶的心。

第二籤　從隔卦　上平

做事皆因宜改變　　臨身疾雨亦安然

占得此卦絲毫好　　出路求財便遇春

籤曰：

　　在財運方面，現在還不是很理想，應該暫時等待一段時間，減少無謂的開銷花費，盡量能夠節省儲蓄，才能以

備不時之需，經商做生意的話，不要太過貪圖利益，跟對方談判要留後路，這樣才有商量的餘地，生意才會長長久久，如果要有所動作，最好是在春天的時候進行，過程會比較順利。

第三籤　曲直卦　上平

火盆正發出蓮紅　　一朵重開結秀先
意獲大乘皆吉慶　　倍加福利喜無邊

籤曰：

在財運方面，情況原本不是很好，但慢慢的在改善當中，這時候應該多尋找靈感，有助於將來的理財規劃，建議可以到廟裡去，燒香拜拜乞求庇祐，經商做生意的話，會有人從中牽線介紹，多半是以前的老朋友，讓你有進財的機會，要懂得感恩回饋才好，若想要積極努力，上半年將會是不錯的時機。

第四籤　潤下卦　中下

憂心頓改所求昌　　十分倍利福門開
好事成喜皆大吉　　合家康寧永無災

籤曰：

在財運方面，沒有什麼特別的情況出現，運勢方面算是普通，只要認真勤快、較踏實地，會維持穩定的收入，在目前發展當中，也可以尋求機會突破，經商做生意的話，要注意金錢的運作，最好是有充足的資金，才不會週轉不靈，盡量不要造成自己的負擔，凡事適可而止就好，投資不需要全部投入。

第五籤　災正卦　下下

明月當空黑霧迷　白雪紛紛又雨濛
急思孝敬椿萱老　禍去災消自有褆

籤曰：

在財運方面，家裡情況不是很好，接二連三發生事情，經濟方面會出現問題，一時之間，使你整個人心煩意亂，不知道該如何是好，應該趕快找人幫忙才是，經商做生意的話，不要想投機取巧，這樣反而會得不償失，損失更多的金錢，甚至賠上自己的信譽，應該放寬心等待，讓一切順其自然，會比較妥當。

第六籤　稼穡卦　平平

連年做事不分明　欺善怕惡損前程
日日求財無利息　朝朝惟有是分生

籤曰：

在財運方面，不要特意去強求，該是你的就是你的，不該是你的就不是你的，應該做好份內的事情，認真在工作上奮鬥，獲得的酬勞會比較實際，經商做生意的話，不要用手段欺騙客戶，或者惡意中傷競爭對手，到時候吃虧的是自己，要順著環境的變化，來調整經營的方針，步調才不會被打亂。

第七籤　進求卦　上上

布施齋僧及放生　陰功積福後無窮
欲保百年增富貴　孝義常增永康君

籤曰：

在財運方面，吉人自有天相，不用太過擔心，很快就會有好消息傳出，只要撐過眼前的時機就可以，出外將會獲得貴人幫助，讓你脫離痛苦煩惱的情況，經商做生意的話，要注意人際上的互動，特別是交際應酬的場所，說不

定能結交權貴人士，他們寶貴的經驗與意見，能對你的生意產生幫助。

第八籤　進寶卦　上吉

不謀不動不辛勤　　送寶今朝龍進門

家宅光輝多吉慶　　更兼福壽兩雙全

籤曰：

在財運方面，以前辛勤打拚的結果，現在正是收穫的時刻，會有許多進帳的機會，要懂得感謝相關人士，保持良好的人際關係，財源才會滾滾而來，經商做生意的話，企圖心十分旺盛，而且有了明確目標，就應該大膽放手去做，才不會錯過眼前的時機，過程會受到大家的幫助，將能夠有利可圖。

第九籤　獲安卦　中吉

今年運出永無災　　感謝天恩降福來

可去求財做買賣　　四方進祿稱心懷

籤曰：

在財運方面，出外的時候要注意安全，特別是隨身的

物品金錢，以避免遺失或被偷盜，盡量不要招搖，凡事多謙虛忍讓，才能遠離煩惱災禍，經商做生意的話，要盡量推廣自己的產品，要重視推銷跟包裝，業績才會大幅成長，收益自然就能增加，但不可以仗勢欺人，要留點見面的餘地。

第十籤　遂心卦　中吉

逢凶化吉事可奇　　遇難成祥樂有餘
今正思憶多丰事　　開豁胸中氣自舒

籤曰：

在財運方面，雖然處於劣勢當中，但不要因此氣餒懊惱，要多方面反省思考，是還有其他的出路，說不定因此獲得一線生機，而能解決眼前的難關，經商做生意的話，要與對手公平競爭，不要任意哄抬市場價格，才不會遭人忌妒，而被小人破壞造成損失，要求財富之前，先打好人際關係再說。

第十一籤　災散卦　中吉

逐日朝朝只在家　　安居錦上再添花
寶物不求嘗有趣　　天時富貴更榮華

籤曰：

在財運方面，要多增加自己的知識，平常要閱讀相關書籍，不懂時可以向他人請益，對投資理財將會有正面幫助，尤其是要實際操作時，才不會顯得慌張無助，經商做生意的話，要懂得配合時勢，尋求變通的經營方法，才不會被趨勢淘汰，特別是流行的資訊，要特別的注意緊盯，才不會錯失賺錢的先機。

第十二籤　上進卦　上平

禾苗久旱降甘霖　客旅他鄉見故歸
秀才儒士登金榜　龍門奮躍上青雲

籤曰：

在財運方面，慢慢的漸入佳境，有上揚的趨勢，特別是會有偏財運，很有希望中到大獎，而忽然變得富有起來，不過仍要持續努力，不可以因此怠惰，經商做生意的話，會有貴人前來指點，讓你的想法有所改變，運用在實際經營上，會得到更多心得感想，並且使生意越來越好，能有機會累積財富。

第十三籤　暗昧卦　下吉

占得此卦不爲高　求財未有半分毫
早出夜入空費力　提防小人暗放刁

籤曰：

在財運方面，不是說很理想，會有透支的情形，最近收入會變少，要量入爲出才好，這時候要注意金錢來往，不要隨便跟人借貸，或者替他人做擔保，經商做生意的話，要注意無妄之災，不是遇到火災發生，就是小偷前來偷盜，會有大量財物損失的情況，凡事要特別小心謹愼，才不會到時候欲哭無淚。

第十四籤　安靜卦　下吉

勸君爲善莫行凶　萬頃心田常自摩
父母堂前湏孝敬　天理昭然福氣多

籤曰：

在財運方面，雖然暫時沒有機會，也不能因此操之過急，還是要經過深思熟慮，不要隨便聽信別人的讒言，而作出衝動的決定，才不會後悔莫及，經商做生意的話，雖然過程很辛苦，不過總會苦盡甘來，可以多找長輩聊天，

或者接近宗教，尋求心靈的慰藉，能對浮動的心思，產生穩定的作用。

第十五籤　阻折卦　下下

玄武人皆主破財　提防口舌有官非
切忌盜財借水火　戶內之人逆事災

籤曰：

在財運方面，看起來不錯的賺錢機會，其實是包著糖果的毒藥，若經不起眼前誘惑而投入，除了造成嚴重的金錢損失，恐怕還得背負一大筆債務，經商做生意的話，要注意環境地點的選擇，才不會不必要的困擾產生，要盡量保持人際和諧，不要輕易的得罪他人，以免遭到破壞報復，而影響到生意經營。

第十六籤　保安卦　中吉

枯木逢春再發開　如同古鏡又重明
做事諸般皆大吉　招財進寶順風逢

籤曰：

在財運方面，若真的有急需的話，可以想辦法借貸，

應付眼前的難關，但是要量力而為，不可以超過負擔，等待時機一到，自然有貴人出現，指點你賺錢的方向，經商做生意的話，環境景氣已經轉好，情況對你十分有利，可盡量與人合作，商量合作的計劃，投資將迅速的進行，相信不久就能回收獲利。

第十七籤　喜至卦　中吉

> 平生遇得今年運　鮮網張魚順水流
> 百事所求皆遂意　出入經營貴人扶

籤曰：

在財運方面，會讓你遇到機會，聽見不錯的消息，將有賺錢的管道，但做決定的時候，還是要三思而後行，評估各方面的條件，再有所行動也不遲，經商做生意的話，要事先想到後面的發展，做好未雨綢繆的準備，這樣就不怕臨時的變動，擾亂了生意經營的運作，特別是貨源方面，要非常謹慎的控管。

第十八籤　保命卦　中平

> 占得此卦遇青龍　求財各處盡虛空
> 諸般快捷如運轉　病卻無妨亦不凶

籤曰：

在財運方面，要看準機會再出手，不要浪費寶貴的金錢，與人合夥投資的話，要當心對方捲款而逃，要時常掌握住消息，才不會吃虧上當，經商做生意的話，不要貪圖眼前的利益，就把所有資金砸下去，有時候情勢若轉變，恐怕無法即時抽身而退，會造成不想的損失，還是要按部就班，會比較理想。

第十九籤　猶豫卦　下下

卦遇五鬼定有殃　六畜小口見損傷

混混沌沌常如夢　昏昏沉沉病臥床

籤曰：

在財運方面，要腳踏實地的行事，不要只是做白日夢，要把想法給具體化，才夠能得到成果，但不可以偷雞摸狗，作見不得人的事，以免曝光後惹禍上身，經商做生意的話，與人商談生意內容，要先了解對方的底細，才不會遭受到詐騙，並且注意契約的簽訂，對自己的權益才能有所保障。

第二十籤　豐稔卦　中吉

撥雲見月再團圓　丹桂花開朵朵鮮
出路經營多倍利　家門清吉福綿綿

籤曰：

在財運方面，出外會很有人緣，到哪都很受歡迎，因此能得到許多消息，大多對自己很有利，將會有賺錢的機會，但是要懂得回饋他人，才不會遭受埋怨，經商做生意的話，因為時機的關係，剛好搭上順風船，使得生意一路長紅，財源滾滾而來，讓你笑得合不攏嘴，但凡事見好就收，不要執著沉迷。

第二十一籤　得祿卦　上吉

求謀遂意有經營　出路榮華宜遠行
家宅平安多吉慶　人口興旺六畜增

籤曰：

在財運方面，要先擬定計劃，再來進行動作，過程將會比較順利，不會遭遇到莫名阻礙，如果情勢一直有利的話，就應該趁勝追擊，不用太過保守，經商做生意的話，可以跟同業或夥伴聯手合作，打造不凡的氣勢，突破以往

肆、諸葛武侯靈籤簡介

的成規，不用拘泥人情，共同再創生意的顛峰，對大家都有好處。

第二十二籤　明顯卦　中吉

得占此卦命合通　撥雲見日照西東
求財得利見官吉　有事可見喜萬重

籤曰：

在財運方面，必須要靠自己的努力，別人的幫忙畢竟有限，要選擇適合的道路來求財，千萬不要走錯了方向，這樣子的話，過程會比較順暢愉快，經商做生意的話，可以朝機關團體方面著手，會有比較多的消費需求，對你的產品通路來說，知名度能夠大大提升，也累積不少人脈資源，可以好好考慮看看。

第二十三籤　祐福卦　上上

家門安泰喜氣生　出路經營利息增
禍又福來添光彩　做事求謀到處收

籤曰：

在財運方面，家裡面會有好事情發生，不是有人婚姻

喜慶，就是有人升官調職，讓你心情感到十分愉快，對於
追求錢財來說，有更多的動力來源，經商做生意的話，如
果有機會的話，不要輕易畫地自限，可以到外地異鄉去走
走，尋找新的商業契機，說不定能有不錯的收穫，讓你的
生意更上一層樓。

第二十四籤　凝滯卦　下下

朱雀臨門上卦來　提防官訟有非災
破財惹禍宜謹慎　勸君忍耐好安排

籤曰：

在財運方面，目前的時機環境不佳，會有白費心機的
可能，徒然浪費了許多金錢，卻沒有預期的效果，應該要
即時收手，不要再執迷不悟下去，經商做生意的話，無意
之間得罪小人，因此會有麻煩糾紛，嚴重的話，還需要上
法院告官司，會有不小的精神折磨，自己要能夠調適情
緒，勇敢堅持下去才好。

第二十五籤　顯達卦　上吉

求謀榮顯更親相　喜得橫財共珠珍
出入通達多吉慶　合家大小皆歡欣

籤曰：

在財運方面，在陷入低潮的時候，有貴人即時出現，會適時的拉拔你，你應該盡力回報，順著這股力量，獨立自強起來，以後就會有很好的生活，經商做生意的話，不要做假欺騙消費者，以免吃上官司、賠上信譽，一切都要公開合法化，信用才是長久經營的原則，這樣的財源才能細水長流。

第二十六籤　福源卦　中吉

此路經營得意還　貴人相助發財源

合家大小皆和順　綿綿福壽樂長年

籤曰：

在財運方面，要注意人際關係，跟家人之間不要互相爭吵，應該要打開心結，這樣遇到困難挫折的時候，才會有穩固的靠山支持，使你度過經濟窘境，經商做生意的話，剛好搭上潮流趨勢，這波的流行對你有利，應該想辦法打廣告，增加產品的曝光率，銷售的成績越多，相對的，獲利自然也就越多。

第二十七籤　太平卦　大吉

人善人欺天不欺　諸事稱心不成危
出入經商加倍利　雨順風調十倍收

籤曰：

在財運方面，條件已經具足成熟，隨時都可以動作，對於投資理財來說，要選擇信任的人合作，這樣會比較有默契，凡事能夠事半功倍，經商做生意的話，若是剛創業不久，將會遇到阻礙，特別是客源方面，要花費心思拉攏，等到各方面的運作，都已經熟悉之後，就可以大張旗鼓的出擊。

第二十八籤　顛險卦　不吉

白虎交重最不祥　滇防盜賊及禍殃
連遭官刑拜喪事　疾病淹纏壽不長

籤曰：

在財運方面，順境得意的時候，不要忘記逆境的痛苦，做人要學習到教訓，對於求取財富來說，應該要量力而為，不要過分貪圖，才不會自招禍端，經商做生意的話，由於過度的投機，忽略許多基本條件，生意雖然剛開

始很好，但等到熱潮逐漸退去，就沒辦法再支撐下去，將會面臨倒閉的危機。

第二十九籤　開發卦　中吉

開發亨通百事周　倍增歡喜永無憂
掌拳感謝蒼天力　田地加添置馬牛

籤曰：

在財運方面，不要隨便看輕別人，說不定那人就是你的救星，有問題要人家幫忙，要誠心誠意才行，若只是想利用他人，就會被人家識破，而瞧不起你的作為，經商做生意的話，雖然需要賺點利潤，但不用太過計較，有時候要給人家回饋，這樣才能擄獲客戶的心，下次會幫你繼續介紹，就能夠順利擴展財源。

第三十籤　英揚卦　中吉

謀事求財大吉昌　公私大盜並無妨
心存正直諸邪怕　容德聲名播四方

籤曰：

在財運方面，若有投資計畫要進行，盡量保守低調進

行，不要特意到處張揚，就不會引起他人覬覦，而想要前來分一杯羹，避免麻煩糾紛找上門，經商做生意的話，不要看見人家好賺，就想要轉換跑道經營，要知道隔行如隔山，貿然做出重大決定，是相當不明智的行為，要懂得安分守己才行。

第三十一籤　無數卦　下下

猛虎山前逢子路　麒麟坡下遇樵夫
君子欲問名與利　烈日消霜半點無

籤曰：

在財運方面，不要成天想著發財夢，那只會徒勞無功，還是要腳踏實地工作，這樣收入會比較穩定，若想利用偏門來賺錢，到時候就會自作自受，經商做生意的話，雖然非常勞心勞力付出，但暫時沒有什麼起色，應該要放寬心等待時機，不要為此擔憂煩惱，財富該來的時候，自然就會降臨。

第三十二籤　光明卦　上吉

曾看牛女渡銀河　今見微雲薄似羅
萬里清光呈宇宙　桂花風露影婆娑

籤曰：

　　在財運方面，可以利用週遭的資源，替投資理財做好規劃，這樣能夠省時省力，而且可以增進人際關係，當別人有需要的時候，也要馬上伸出援手幫忙，經商做生意的話，各方面都十分配合，無論是環境景氣，或是貨源、客源方面，都讓你不用太過擔心，除了人事的調動安排，是需要花點心思操心的。

諸葛武侯靈感神籤（健康疾病、旅行搬遷）

第一籤　星震卦　上上大吉

平生如得今年運　喜逢吉慶更嘉新

財旺貴神榮祿至　百事遂心護福人

籤曰：

　　在身體健康方面，就算現在有病在身，也不用太過擔心煩惱，過段時間自然就會好轉，一切都將恢復正常，正開刀住院的話，情況還算控制得當，會有貴人前來幫忙，最好選擇上半年來進行，要旅行的話，經濟狀況不錯，該好好搞賞自己，正是適合出遊的時候，搬遷方面，可以順心如意進行，運勢更加蓬勃發展。

第二籤　從隔卦　上平

做事皆因宜改變　臨身疾雨亦安然

占得此卦絲毫好　出路求財便遇春

籤曰：

　　在身體健康方面，要注意身體的調養，凡事不要勉強自己，特別是睡眠的作息，盡量避免熬夜趕通宵，正開刀

住院的話，要尋找適合的醫院，並且是信賴的醫師，否則將不利於病情，要旅行的話，要注意身邊的情況，恐怕發生不好的事，要懂得隨機應變，搬遷的話，行程會出現阻礙，多半是關於人的問題。

第三籤　曲直卦　上平

火盆正發出蓮紅　一朵重開結秀先

意獲大乘皆吉慶　倍加福利喜無邊

籤曰：

在身體健康方面，最近不太理想，經常有小毛病，讓你不是很舒服，要多加留意才行，正開刀住院的話，病情十分的嚴重，會有惡化的趨勢，要想辦法來治療，可以考慮換高明的醫師，要旅行的話，不要去太遙遠的地方，時間盡量不要拖太久，過程會比較順利愉快，搬遷的話，要看情況決定，不要勉強去做。

第四籤　潤下卦　中下

憂心頓改所求昌　十分倍利福門開

好事成喜皆大吉　合家康甯永無災

籤曰：

在身體健康方面，就算有病痛發生，多半是操勞過度，所引起的併發症，只要多休息多保養，就沒有什麼大礙，正開刀住院的話，盡量找附近的醫院，不必勞師動眾跑遠方，對病情會比較穩定，要旅行的話，現在時機不是很恰當，要耐心等上一段時間，到時候會比較理想，搬遷的話，不要太過急躁，緩慢進行就可以。

第五籤　災正卦　下下

明月當空黑霧迷　白雪紛紛又雨濛
急思孝敬椿萱老　禍去災消自有褆

籤曰：

在身體健康方面，要改變不良的習慣，最好少抽煙跟喝酒，這樣抵抗力才會強，才不容易感染疾病，正開刀住院的話，病情會慢慢的好轉，不用太杞人憂天，只要按照醫師指示，按時服藥即可，要旅行的話，避免過度勞累的旅程，花費上要能夠節省，才不會自找麻煩，搬遷的話，最好打消念頭，新環境不是很理想。

第六籤　稼檣卦　平平

連年做事不分明　欺善怕惡損前程

日日求財無利息　朝朝惟有是分生

籤曰：

在身體健康方面，對於來路不明的食物，要格外得小心注意，對健康才能夠有保障，正開刀住院的話，是長年累積的疾病，現在已經顯現出來，比較難完全根治，只能夠盡人事、聽大命，要旅行的話，途中會遇到麻煩，讓你非常的掃興，要有應變方案才好，搬遷的話，時間上要趕緊進行，不要找太遠的地點。

第七籤　進求卦　上上

布施齋僧及放生　陰功積福後無窮

欲保百年增富貴　孝義常增永康君

籤曰：

在身體健康方面，平常就要注意飲食、而且要多運動，除了能使身體健康，心情也能夠愉快，正開刀住院的話，復原的情況很快，比預期中還迅速，只要好好的調養，相信不久就能夠痊癒，要旅行的話，會有人來邀約遊

玩，可以考慮跟對方成行，會相當的愉快難忘，搬遷的話，透過他人的介紹，能找到不錯的地方。

第八籤　進寶卦　上吉

不謀不動不辛勤　送寶今朝龍進門

家宅光輝多吉慶　更兼福壽兩雙全

籤曰：

在身體健康方面，有疾病在身的話，就要趕快看醫師治療，不要一直拖延時間，病情才不會變得嚴重，正開刀住院的話，要遵照醫師指示去做，不要偷偷的違反規定，病情才會比較快復原，要旅行的話，要先計劃給定好，才能夠事半功倍，也不容易發生變數，搬遷的話，最好是在秋天進行，將會有不錯的機會。

第九籤　獲安卦　中吉

今年運出永無災　感謝天恩降福來

可去求財做買賣　四方進祿稱心懷

籤曰：

在身體健康方面，沒有什麼大問題，只要注意徵兆就

可以，平常可以多做點戶外運動，正開刀住院的話，要注意藥物的副作用，病人的體質可能過敏，不適合長期的服用，對病情將會有影響，要旅行的話，沒有什麼特別的問題，只要小心注意安全，就可以玩的盡性，搬遷的話，很快就找到地點，還能省下不少經費。

第十籤　遂心卦　中吉

逢凶化吉事可奇　遇難成祥樂有餘
今正思憶多丰事　開豁胸中氣自舒

籤曰：

在身體健康方面，若目前有病痛的話，要悉心的調養，按時服藥控制，病情會比較穩定，正開刀住院的話，醫院的措施不當，對病人會有影響，要趕快換醫院治療，拖久將不利於病情，要旅行的話，途中會遇到驚險，但最後圓滿落幕，不會有什麼大礙，搬遷的話，要馬上做決定，不要猶豫不決，那會失去先機。

第十一籤　災散卦　中吉

逐日朝朝只在家　安居錦上再添花
寶物不求嘗有趣　天時富貴更榮華

籤曰：

在身體健康方面，平常就要珍惜健康，不要等到失去才懊悔，有些時候已經爲時已晚，正開刀住院的話，會遇到不錯的醫師，不厭其煩的關心照顧，對病情的幫忙很大，應該要好好感謝對方，要旅行的話，可找身邊的親朋好友，去氣候溫暖的地點旅遊，感情會比較融洽，搬遷的話，不要考慮太多，要直接了當才好。

第十二籤　上進卦　上平

禾苗久旱降甘霖　客旅他鄉見故歸
秀才儒士登金榜　龍門奮躍上青雲

籤曰：

在身體健康方面，原本的體質虛弱，但經過一段時間調養，已經脫胎換骨，比前以要好的多，正準備要開刀住院的話，要盡快的送醫，才能控制病情，不然就算有高明的醫師，也沒有辦法妙手回春，要旅行的話，各方面條件具足，可以馬上開始行動，相信能有美好的回憶，搬遷的話，可向西北方尋找，會有好消息傳出。

第十三籤　暗昧卦　下吉

　　占得此卦不為高　　求財未有半分毫

　　早出夜入空費力　　提防小人暗放刁

籤曰：

　　在身體健康方面，凡事不要逞強，要懂得拿捏分寸、
點到為止，生命才不會有危險，正開刀住院的話，病症是
末期的徵兆，恐怕無法順利治癒，會有離開人世的可能，
要做好心理準備，要旅行搬遷的話，會有許多的瑣事纏
身，讓你無暇抽空去玩樂，恐怕會取消行程，搬遷的話，
時機不是很適合，最好繼續留在原地。

第十四籤　安靜卦　下吉

　　勸君為善莫行凶　　萬頃心田常自摩

　　父母堂前湏孝敬　　天理昭然福氣多

籤曰：

　　在身體健康方面，經常奔波勞累的情況，讓抵抗力變
得很差，動不動就會有小毛病，要懂得保養才好，正開刀
住院的話，不要臨時更改醫院，要維持原定計劃，情況會
比較順利，對病情會比較穩定，要旅行的話，與人意見不

合，態度搖擺不定，行程恐怕會有阻礙，搬遷的話，現在舊的居處較好，不要輕易更換地點。

第十五籤　阻折卦　下下

玄武人皆主破財　提防口舌有官非

切忌盜財借水火　戶內之人逆事災

籤曰：

在身體健康方面，忽略原本的小病，結果演變成大病，若不趕快加以治療，情況恐怕會比想像中的糟糕，正開刀住院的話，要考慮身體的情況，不要貿然的動手術，對病人的生命會比較有保障，要旅行的話，行程安排不是很好，沒有前往的價值，搬遷的話，會有財務的危機，衝動行事的話，將不利計劃的進行。

第十六籤　保安卦　中吉

枯木逢春再發開　如同古鏡又重明

做事諸般皆大吉　招財進寶順風逢

籤曰：

在身體健康方面，感覺不對勁的時候，自己就要有所警覺，不要太過勉強工作，才不會累壞身體，正開刀住院

肆、諸葛武侯靈籤簡介

的話，會遇到不錯的醫生，對病情還滿了解的，會盡全力來治療，情況將有好轉的跡象，要旅行的話，能夠順利平安，可以前往散心，搬遷的話，能改善原有的缺點，有助於運勢的開展，要趕快進行才好。

第十七籤　喜至卦　中吉

平生遇得今丰運　鮮網張魚順水流
百事所求皆遂意　出入經營貴人扶

籤曰：

在身體健康方面，沒有什麼大問題，平常要注意飲食，多去戶外走走運動，對健康會有正面幫助，正開刀住院的話，病情逐漸穩定好轉，只要經過一段時間修養，就能恢復以前的健康，不用太過擔心，要旅行的話，可以選擇不同風情的國度，來體驗不同的民俗文化，搬遷的話，對事業或生意會有幫助，能夠提升知名度。

第十八籤　保命卦　中平

占得此卦遇青龍　求財各處盡虛空
諸般快捷如運轉　病卻無妨亦不凶

籤曰：

在身體健康方面，體質很容易過敏，常感到不舒服，幸好有貴人幫助，讓你有機會改善健康，正開刀住院的話，要謹慎的考慮清楚，不要聽信一面之詞，就馬上答應手術，有時反而會出現問題，要旅行的話，可以找人組團一起前往，將有助於旅遊氣氛，搬遷的話，要透過熟人來介紹幫忙，事情會比較能順利完成。

第十九籤　猶豫卦　下下

卦遇五鬼定有殃　六畜小口見損傷
混混沌沌常如夢　昏昏沉沉病臥床

籤曰：

在身體健康方面，容易有突然的意外災難，出外要小心謹慎，才不會受到傷害，正開刀住院的話，情況不是很理想，醫療的環境不佳，要趕快更換地點，尋求高明的醫師，否則將有生命危險，要旅行的話，要改變行程日期，暫時取消會比較有利，搬遷的話，計劃要趕快敲定，找新的地點安居，目前地點不宜久留。

第二十籤　豐捻卦　中吉

撥雲見月再團圓　丹桂花開朶朶鮮

出路經營多倍利　家門清吉福綿綿

籤曰：

在身體健康方面，若有注意保養的話，就不太會有問題，但若沒有的話，小病也可能變成大病，正開刀住院的話，現在的時機適當，應該要順勢而爲，不可以再拖延，以免病情產生變化，要旅行的話，不太會有什麼麻煩，但要注意隨身財物，搬遷的話，現在是好時機，可以朝西北方尋找，會有不錯的地點。

第二十一籤　得祿卦　上吉

求謀遂意有經營　出路榮華宜遠行

家宅平安多吉慶　人口興旺六畜增

籤曰：

在身體健康方面，就算身上有毛病，只要一切控制得當，情況也會慢慢的好轉，正開刀住院的話，暫時不會有什麼問題，儘管放心去執行手術，對病情會有一定幫助，不用太過煩惱憂愁，要旅行的話，會有爭吵的可能，要盡

量溝通商量才好，搬遷的話，最好能快點行動，否則時間拖得太久，事情將會產生變化。

第二十二籤　明顯卦　中吉

得占此卦命合通　撥雲見日照西東
求財得利見官吉　有事可見喜萬重

籤曰：

在身體健康方面，若有助益的事情，就要遵照指示去做，不要為了節省小錢，而賠上了寶貴的健康，正開刀住院的話，若沒有必要性的話，就盡量不要動手術，避免引發後遺症，對病人產生困擾，要旅行的話，一切順其自然，不要勉強成行，會比較有利，搬遷的話，要耐心尋找地點，太過急躁也沒用，反而會影響情緒。

第二十三籤　祐福卦　上上

家門安泰喜氣生　出路經營利息增
禍又福來添光彩　做事求謀到處收

籤曰：

在身體健康方面，感到操心勞累的時候，暫時就要好

好休息，才不會產生毛病，影響到正常的作息，正開刀住院的話，要聽從醫生的指示，不要自做主張安排，對病情才會有幫助，不久就會恢復痊癒，要旅行的話，行程盡量不要太複雜，時間要安排妥當才好，搬遷的話，進行會很順利，新居落成是值得慶賀的事。

第二十四籤　凝滯卦　下下

朱雀臨門上卦來　提防官訟有非災
破財惹禍宜謹慎　勸君忍耐好安排

籤曰：

在身體健康方面，由於一直忍耐疼痛，沒有去做身體檢查，等到發現的時候，病情可能已經惡化，正開刀住院的話，會有人為的疏失，要特別謹慎留意，否則病情將不看好，醫療糾紛難免，要旅行的話，太奔波勞累的行程，不如在家好好休息，搬遷的話，經濟上出現問題，最好暫時打消念頭，繼續留在原地會比較好。

第二十五籤　顯達卦　上吉

求謀榮顯更親相　喜得橫財共珠珍
出入通達多吉慶　合家大小皆歡欣

籤曰：

在身體健康方面，凡事不要逞強，要懂得節制有分寸，就不會有毛病，能夠保持身心愉快，正開刀住院的話，要誠實回答醫生問題，不要對病情有所隱瞞，這樣才會獲得比較完善的治療，要旅行的話，可到熱帶國家去觀光，將有意想不到的收穫，搬遷的話，要選擇交通便利的地點，對將來發展會比較有利。

第二十六籤　　福源卦　　中吉

此路經營得意邊　　貴人相助發財源
合家大小皆和順　　綿綿福壽樂長年

籤曰：

在身體健康方面，有毛病的時候，不要濫用藥物，若沒有辦法根治，就要趕快看醫生，正開刀住院的話，不要擔心手術風險，只要能跟醫師配合，就不會有問題，對病情也比較有利，要旅行的話，可以到風景優美的景點，才能留下美好的回憶，搬遷的話，地點要謹慎的選擇，全盤的考量才行，不要只單方面考慮。

第二十七籤　太平卦　大吉

人善人欺天不欺　諸事稱心不成危
出入經商加倍利　雨順風調十倍收

籤曰：

在身體健康方面，運動方面要有恆心，才會顯著的效果，千萬不要怕辛苦，自然就能改善健康，正開刀住院的話，雖然剛開始沒有效果，但只要持續的治療，就會有轉機出現，不用太過緊張，要旅行的話，要考慮身體的狀況，來安排適合的行程，搬遷的話，會有貴人從旁協助，很快就找到好地點，可以馬上來行動。

第二十八籤　顛險卦　不吉

白虎交重最不祥　湏防盜賊及禍殃
連遭官刑幷喪事　疾病淹纏壽不長

籤曰：

在身體健康方面，會遇到意外災害，造成身體的損傷，要趕快送醫治療，調養復原才是，正開刀住院的話，最好要打消念頭，病人的情況無法負荷，恐怕會有危險出現，不要勉強進行手術，要旅行的話，路途將會有危險，

應該改變行程，才能保護自己，搬遷的話，若找不到好地點，不得已也要先搬離，再另外作打算。

第二十九籤　開發卦　中吉

開發亨通百事周　倍增歡喜永無憂
掌拳感謝蒼天力　田地加添置馬牛

籤曰：

在身體健康方面，不要去公共或封閉的場所，就不太會染上疾病，生活作息要正常，抵抗力會比較強，正開刀住院的話，現在的時機適合，不會有什麼阻礙，配合醫生的指示，就能夠順利完成，要旅行的話，要注意隨身的財物，才不會有所損失，搬遷的話，原本的地點就不錯，所以不用再移動，反而有不利的影響。

第三十籤　英揚卦　中吉

謀事求財大吉昌　公私大盜並無妨
心存正直諸邪怕　容德聲名播四方

籤曰：

在身體健康方面，有毛病問題的話，要注意按時服

藥，中間不可以間斷，才不會影響到病情，正開刀住院的話，病情會有劇烈變化，情況不是很穩定，應該要暫時觀察，不要急著動手術治療，要旅行的話，若不幸遇到麻煩糾紛，要懂得隨機應變才好，搬遷的話，若想要增加知名度，應該趕快行動，會比較事半功倍。

第三十一籤　無數卦　下下

猛虎山前逢子路　　麒麟坡下遇樵夫
君子欲問名與利　　烈日消霜半點無

籤曰：

在身體健康方面，要避免舟車勞頓，不要太過操勞，飲食起居要正常，比較不會有毛病，正開刀住院的話，病情不是很樂觀，已經到了嚴重的末期，只能夠盡人事、聽天命而已，不能太過強求，要旅行的話，中途恐怕跟人產生摩擦，而有不愉快的氣氛，要注意才好，搬遷的話，決定的地點不佳，應該另尋適當的地方。

第三十二籤　光明卦　上吉

曾看牛女渡銀河　　今見微雲薄似羅
萬里清光呈宇宙　　桂花風露影婆娑

籤曰：

　　在身體健康方面，要注意宿疾，或是遺傳疾病，盡量保持良好的體力，發病的可能就能減少，正開刀住院的話，要趕快進行，病情就能夠控制住，若猶豫不決的話，病情也許會有變化，要旅行的話，凡事不要太過計較，要多替大家著想考量，感情會比較融洽，搬遷的話，慢慢尋找，等待消息，就能夠如願以償。

諸葛武侯靈感神籤（功名事業）

第一籤　星震卦　上上大吉

平生如得今年運　喜逢吉慶更嘉新
財旺貴神榮祿至　百事遂心護福人

籤曰：

在考試運方面，家裡會盡全力支持，師長對你也非常照顧，讓你能夠信心滿滿，各方面的條件都還算不錯，應該要努力爭取機會，考試成績將會很理想，已經有工作的人，是適合施展抱負的時候，身邊會有貴人幫忙，讓你能夠順心如意，想要求職的話，可以主動去應徵，或是透過他人介紹，會有不錯的消息。

第二籤　從隔卦　上平

做事皆因宜改變　臨身疾雨亦安然
占得此卦絲毫好　出路求財便遇春

籤曰：

在考試運方面，平時就要努力認真，由小的成就累積起，實力自然就會進步，面對考試壓力時，心情只要能放

鬆，成績大概都不會太差，已經有工作的人，雖然遇到困難阻礙，但會有人從旁協助，幫你解決眼前問題，應該好好答謝人家才是，想要求職的話，要注意求職陷阱，最好是有人陪伴前往，才不會受騙上當。

第三籤　曲直卦　上平

火盆正發出蓮紅　一朵重開結秀先
意獲大乘皆吉慶　倍加福利喜無邊

籤曰：

在考試運方面，現在實力還不夠，要多下功夫苦讀，過段時間以後，就會看到效果出現，若只是勉強應付考試，成績恐怕不太理想，已經有工作的人，會有發財進帳的機會，多半都是辛勤的結果，要繼續保持下去暫時不會有什麼問題，想要求職的話，目前時機剛剛好，會有理想的職缺，應該前往試試機會。

第四籤　潤下卦　中下

憂心頓改所求昌　十分倍利福門開
好事成喜皆大吉　合家康寧永無災

籤曰：

在考試運方面，不要自以爲很聰明，就可以不認眞唸書，還是要腳踏踏實，否則將容易出錯，特別是不要到處炫耀，以免遭他人忌妒不滿，已經有工作的人，要按部就班的工作，亂七八糟的進行，會很容易出紕漏，讓你有背黑鍋的可能，想要求職的話，待遇不要太過計較，就能找到合適工作，可往西方去尋找。

第五籤　災正卦　下下

明月當空黑霧迷　白雪紛紛又雨濛
急思孝敬椿萱老　禍去災消自有褆

籤曰：

在考試運方面，若不自我鞭策，只想玩樂而已，無疑是緣木求魚，考試恐怕會名落孫山，若眞的無法安靜唸書，不妨就更改日期，等待下次的機會，已經有工作的人，環境讓你不太適應，心裡面會很鬱悶，若實在無法應付過來，可以考慮轉換工作跑道，想要求職的話，應該耐心等待機會，行動不要太過急躁。

第六籤　稼穡卦　平平

連率做事不分明　欺善怕惡損前程

日日求財無利息　朝朝惟有是分生

籤曰：

在考試運方面，有實力當然很重要，但也有運氣的成分在裡頭，若考得不好的話，不要太傷心難過，下次再加油努力就好了，說不定成績將會更好，已經有工作的人，最近不是很順心如意，事情比較繁雜瑣碎，而感到吃力不討好，應該想辦法撐過去，想要求職的話，會到處都碰壁，心裡要有所準備才好。

第七籤　進求卦　上上

布施齋僧及放生　陰功積福後無窮

欲保百年增富貴　孝義常增永康君

籤曰：

在考試運方面，本來的基礎就不錯，自己又肯努力用功，考試往往不用擔心，只要照平常表現就可以，可以選擇有把握的項目，當作應付考試的準備，已經有工作的人，工作上認真奮鬥，自然會獲得賞識，一切不要刻意強

求，循序漸進就好，想要求職的話，會有人幫忙介紹，而找到不錯的工作，要懂得感謝報答。

第八籤　進寶卦　上吉

不謀不動不辛勤　送寶今朝龍進門

家宅光輝多吉慶　更兼福壽兩雙全

籤曰：

在考試運方面，各方面的條件具備，環境時機也很恰當，目前正是實力堅強、精神飽滿的時候，去參加考試的話，多半會相當順利，成績十分的耀眼突出，已經有工作的人，要力求機會表現，不要總是推辭排斥，那樣將沒有出頭的一天，只能原地踏步而已，想要求職的話，會有消息通知你，應該前往去面試。

第九籤　獲安卦　中吉

今年運出永無災　感謝天恩降福來

可去求財做買賣　四方進祿稱心懷

籤曰：

在考試運方面，經過漫長的日子苦讀，終於要開花結

果了，將會有不錯的成績表現，應該要調整身心，生活作息要正常規律，飲食上也要特別留意，已經有工作的人，要聽取別人的建議，凡事不要自以為是，就不會招惹麻煩，想要求職的話，要主動出門去尋找，不要只是等待消息，會比較快找到工作。

第十籤　遂心卦　中吉

逢凶化吉事可奇　遇難成祥樂有餘
今正思憶多羊事　開豁胸中氣自舒

籤曰：

在考試運方面，雖然資質不如別人，但若肯用心研讀，還是會有相當的成就，千萬不要因為一時的挫折，而放棄求上進的機會，要好好反省檢討才是，已經有工作的人，要專心在工作上，不要只是想著玩，否則表現若不理想，將遭受他人的責罵，想要求職的話，若覺得不順利，可朝東方前去，能有機會找到工作。

第十一籤　災散卦　中吉

逐日朝朝只在家　安居錦上再添花
寶物不求嘗有趣　天時富貴更榮華

籤曰：

在考試運方面，家裡對教育很重視，會花費心思栽培你，要懂得把握機會，安分守己來唸書，爭取考試的好成績，就能順利升學，不會有什麼問題，已經有工作的人，跟同事的互動不錯，心情很良好愉快，做什麼都很順利，人緣顯得相當不錯，想要求職的話，多比較工作環境，不要只想著待遇，將來才不會有所埋怨。

第十二籤　　上進卦　　上平

禾苗久旱降甘霖　　客旅他鄉見故歸

秀才儒士登金榜　　龍門奮躍上青雲

籤曰：

在考試運方面，原本就天資聰穎，加上記憶力不錯，學習什麼東西都快，面對考試的時候，只要做好複習準備，成績就不會太離譜，已經有工作的人，工作表現會很搶眼，獲得週遭人的肯定，只要繼續維持下去，升遷調職將指日可待，想要求職的話，過程出乎意料的順利，有許多機會爭相邀請，要仔細選擇才是。

第十三籤　暗昧卦　下吉

　　占得此卦不為高　求財未有半分毫

　　早出夜入空費力　提防小人暗放刁

籤曰：

　　在考試運方面，原本程度還算不錯，但是由於貪玩享樂，受不了外界的誘惑，因此成績一落千丈，若不即時醒悟檢討的話，考試恐怕沒有希望錄取，已經有工作的人，盡量避免口角衝突，不要隨便批評別人，不然會有小人讒言，暗中破壞自己名譽，想要求職的話，地點不要太遠，否則造成不便，沒辦法長久做下去。

第十四籤　安靜卦　下吉

　　勸君為善莫行凶　萬頃心田常自摩

　　父母堂前湏孝敬　天理昭然福氣多

籤曰：

　　在考試運方面，已經浪費不少時間，成績一直原地踏步，若不趕快想辦法補救，調整讀書習慣的話，在面臨考試的時候，成績會相當難看，已經有工作的人，做好份內的事情，不要雞婆管閒事，才不會被牽連拖累，而造成自

肆、諸葛武侯靈籤簡介

己的麻煩，想要求職的話，可以透過人際關係，來幫忙尋找合適職務，會比較有消息。

第十五籤　阻折卦　下下

　　玄武人皆主破財　提防口舌有官非
　　切忌盜財借水火　戶內之人逆事災

籤曰：

　　在考試運方面，不要因為一時的成功，就顯得驕傲自滿，有時候會得到反效果，使你失去警覺心，忽略真正的危機，輸贏在最後一刻，才會分曉見真章，已經有工作的人，會有阻礙困難發生，要趕快找人幫忙，不要都悶不坑聲，這樣只會讓問題更嚴重，想要求職的話，不要太過計較，要為現在著想，否則將再度失業。

第十六籤　保安卦　中吉

　　枯木逢春再發開　如同古鏡又重明
　　做事諸般皆大吉　招財進寶順風逢

籤曰：

　　在考試運方面，會得到外來的資助，讓唸書更加有衝

勁，應該順著這股氣勢，好好的準備考試內容，那麼到時候，就能發揮真正的實力，成績將會很好，已經有工作的人，可以選擇調動職位，接觸到更多的工作內容，有助於將來的發展，就不會被侷限住，想要求職的話，可以朝北方去尋找，能找到滿意的工作職務。

第十七籤　喜至卦　中吉

平生遇得今年運　鮮網張魚順水流
百事所求皆遂意　出入經營貴人扶

籤曰：

在考試運方面，沒有什麼問題煩惱，一切都進行的很順利，只要保持平常的用功態度，考試成績就不會太差，要多跟師長請教，會比較有心得跟收穫，已經有工作的人，會有不錯的調動機會，有到外地出差的可能，自己要仔細考慮清楚，不要輕易放棄錯過，想要求職的話，要主動出擊拜訪，成功的機會較大。

第十八籤　保命卦　中平

占得此卦遇青龍　求財各處盡虛空
諸般快捷如運轉　病卻無妨亦不凶

籤曰：

在考試運方面，要按計劃來唸書，不要三心二意、半途而廢，這樣是不會有效果出現的，有問題要多請教別人，不要不好意思發問，已經有工作的人，會產生人情的困擾，需要花心思來化解，凡事緩慢處理就行，千萬不要太過急躁，想要求職的話，要盡量表現優點，才有可能獲得賞識，被錄取的希望較大。

第十九籤　　猶豫卦　　下下

卦遇五鬼定有殃　　六畜小口見損傷
混混沌沌常如夢　　昏昏沉沉病臥床

籤曰：

在考試運方面，不要什麼都不做，就想獲得好成績，還是要老老實實、規規矩矩唸書，會比較有希望考得好，若能忍得住辛苦，自然就會有收穫，已經有工作的人，會有不如意的事情發生，若不好好處理妥當，將有閒言閒語產生，被人家在背後批評，想要求職的話，暫時沒有機會，要先充實進修，把條件提升才行。

第二十籤　豐捻卦　中吉

　　撥雲見月再團圓　丹桂花開朵朵鮮

　　出路經營多倍利　家門清吉福綿綿

籤曰：

　　在考試運方面，資質天份相當不錯，只要肯下功夫苦讀，不要中途怠惰懶散，就不用怕考不上，成績要能夠名列前茅，現在就得好好的規劃才行，已經有工作的人，若要轉變工作方向，現在是考慮的時候，但還是要靜觀其變，不要太勉強自己，想要求職的話，可以多嘗試機會，不要侷限自己的路，可朝西北方去尋找。

第二十一籤　得祿卦　上吉

　　求謀遂意有經營　出路榮華宜遠行

　　家宅平安多吉慶　人口興旺六畜增

籤曰：

　　在考試運方面，要安靜下來唸書，效果會比較理想，因此環境的選擇很重要，不可以等閒視之，最好是在圖書館或是教室，對考試會比較有幫助，已經有工作的人，將會有貴人出現，適時拉你一把，讓你有機會一展長才，事

業上能夠飛黃騰達，想要求職的話，要多方面去尋找，但要注意陷阱，才不會上當受騙。

第二十二籤　明顯卦　中吉

得占此卦命合通　撥雲見日照西東
求財得利見官吉　有事可見喜萬重

籤曰：

在考試運方面，要找適合的項目下手，不要高估自己的能力，唸書要慢慢培養實力，不要老是想一步登天，那只是做白日夢而已，已經有工作的人，之前的不愉快氣氛，現在已經好轉許多，要重新振作起來，將會有不錯的表現，想要求職的話，會得到不錯的機會，待遇比想像中的好，環境也能符合要求。

第二十三籤　祜福卦　上上

家門安泰喜氣生　出路經營利息增
禍又福來添光彩　做事求謀到處收

籤曰：

在考試運方面，現在各方面都還不錯，沒有什麼事值

得煩惱，要把心思放在準備功課上，這樣考試的時候，才不會緊張而失常，已經有工作的人，有很多額外的助力，讓進度能如期完成，要積極規劃未來方向，不要只是滿足於現況，想要求職的話，要懂得選擇機會，不要三心二意、搖擺不定，反而對自己不利。

第二十四籤　凝滯卦　下下

朱雀臨門上卦來　　提防官訟有非災
破財惹禍宜謹慎　　勸君忍耐好安排

籤曰：

在考試運方面，若發生問題困難的話，要趕快找人幫忙解決，若是真的無法靜下唸書，不妨暫時去散心，讓情緒能夠緩和，對考試會有助益，已經有工作的人，會跟他人起衝突，彼此的觀念不合，職場的人際要注意，會帶來不小的困擾，想要求職的話，會有合約糾紛產生，過程將會一波三折，不是進行得很順利。

第二十五籤　顯達卦　上吉

求謀榮顯更親相　　喜得橫財共珠珍
出入通達多吉慶　　合家大小皆歡欣

籤曰：

在考試運方面，要選擇適當的唸書方式，不要勉強自己去做做不來的事，要多學習別人的優點長處，作為自己的參考依據，在考試的時候會派上用場的，已經有工作的人，不要想投機取巧，還是要腳踏實地，比較不會出差錯，才能夠長久發展下去，想要求職的話，沒有什麼問題產生，面試盡量放輕鬆，被錄用的機會比較大。

第二十六籤　福源卦　中吉

此路經營得意還　　貴人相助發財源
合家大小皆和順　　綿綿福壽樂長年

籤曰：

在考試運方面，多檢討失敗的地方，盡量做出修正與調整，這樣成績會進步較快，面對考試的時候，也能夠增加自信心，已經有工作的人，工作環境的選擇，對你是非常重要的，特別是人際方面，和諧愉快的氣氛，能使你勝任愉快，想要求職的話，不要排斥某些工作，說不定還滿適合你的，可以考慮嘗試看看。

第二十七籤　太平卦　大吉

人善人欺天不欺　諸事稱心不成危
出入經商加倍利　雨順風調十倍收

籤曰：

在考試運方面，師長對你的期望很高，讓你的壓力很沉重，會有逃避的心態，但這不是長久之計，還是要勇敢面對，不要害怕考試結果，已經有工作的人，雖然主管要求比較嚴格，讓你一時無法適應，但若習慣，其實也沒有那麼糟糕，想要求職的話，過程不是很順利，有被刁難的可能，但還是有希望被錄取。

第二十八籤　顛險卦　不吉

白虎交重最不祥　湏防盜賊及禍殃
連遭官刑幷喪事　疾病淹纏壽不長

籤曰：

在考試運方面，明明就認眞準備，可是結果卻不如預期，讓你非常的氣餒，但相信只要重新來過，下次的成績一定會比現在要好，已經有工作的人，會有背黑鍋的可能，多半是自己粗心大意，若沒辦法解決問題，恐怕會因

此丟掉工作，想要求職的話，有可能被欺騙，求職應徵前要注意，不要單獨前往。

第二十九籤　開發卦　中吉

開發亨通百事周　　倍增歡喜永無憂
掌拳感謝蒼天力　　田地加添置馬牛

籤曰：

在考試運方面，要持續的努力奮鬥，不要因此得意忘形，要多檢討自己的弱點，考前要特別加強，成績才有可能比預期中理想，已經有工作的人，最近情緒起伏不定，會比較欠缺耐心，要找時間放鬆身心，才不會造成工作倦怠，想要求職的話，要安分守己走本行，不要想改變路線，對你會比較有幫助。

第三十籤　英揚卦　中吉

謀事求財大吉昌　　公私大盜並無妨
心存正直諸邪怕　　容德聲名播四方

籤曰：

在考試運方面，當你下定決心之後，就不要輕易半途

而廢，要朝著目標來前進，這樣效果就會出現，考試成績將會比較理想，已經有工作的人，要多聽聽別人的經驗，凡事不要自作主張，比較不容易失敗，受到重用的機會也較多，想要求職的話，會有碰壁的可能，但有可能因禍得福，另外找到合適的工作機會。

第三十一籤　無數卦　下下

猛虎山前逢子路　麒麟坡下遇樵夫
君子欲問名與利　烈日消霜半點無

籤曰：

在考試運方面，先天的資質較差，不要一心想強求，凡事盡力多少算多少，不要在意別人的眼光，跟自己比較就好，已經有工作的人，暫時不要太過張揚，做好份內的事情，不要只想一步登天，這樣只會自討苦吃，想要求職的話，遠方的工作機會，要慎重的考慮清楚，要能忍受的了才好，不要只是重視待遇而已。

第三十二籤　光明卦　上吉

曾看牛女渡銀河　今見微雲薄似羅
萬里清光呈宇宙　桂花風露影婆娑

籤曰：

在考試運方面，會有貴人前來幫忙，讓你對讀書有新的領悟，會改變自己的不良習慣，若再加上良好的環境，那麼考試的成績，將令人刮目相看，已經有工作的人，要跟人家多合作，不要單打獨鬥，團結是力量，事業才有可能做大，想要求職的話，可以朝北方去尋找，會有人欣賞你的才華，而有發揮長才的空間。

伍、心靈小品

心靈小品的故事，除了描寫現實人生裡所發生的問題，同時也提供看法，讓人們可以反省，明白目前的處境，也可以作為借鏡並實際的運用，讓想法能夠改觀，讓生活在環境競爭激烈的人們，腦筋能暫時清醒，保有片刻的寧靜，在遇到挫折失敗或是不如意的時候，可以體會其中道理，更可以在飛黃騰達或是功成名就之時，讓自己有所警覺，提醒危機的存在，讓行為不至於有所偏頗，而忘記當初的辛苦。因此，每一則短文，都充滿深刻涵義，值得去細細品味。

伍、心靈小品

一、不偏不倚

　　人們的言行舉止，都要能合乎禮節，否則將會出問題，讓別人恥笑，特別是公眾人物，更應該自我警惕，要求達到道德的標準，以避免形象受損，而無法繼續上台。對於一般人來說，這也非常的要緊，因為無論家庭、工作或人際，都需要跟人接觸，保持良好的互動，若是操守不嚴明，想要去占人便宜，就容易自找麻煩，但也不是牆頭草，隨著人家起舞，要有自己的主見，不偏不倚的行事才行。

二、把握當下

　　當風吹過竹林時，便會發生呼嘯聲，但風吹過去以後，就聽不見聲音了，而雁子飛過湖面，湖面會出現影子，但雁子飛過去後，影子就自然消失。而人的一生當中，會經歷許多挫折，飽受失敗的打擊，但那都只是一

時，總有過去的時候，就跟風聲和影子一樣，因此不需要太在意，給自己留下陰影，與其不停的悔恨，還不如把握當下，唯有「提得起、放得下」，才能看透事情眞相，享受積極的人生。

三、安貧樂道

貧窮並不是罪惡，只是際遇的不同，所以用不著感到羞恥，反倒是心態方面，必須要自我調整，努力的求知上進，擁有滿腹的文章，就算不是很富有，也能夠散發氣質，得到人家的敬重，如同孔子對學生顏回的讚美，他說顏回居住在簡陋的地方，但是卻沒有怨天尤人，生活怡然自然，不影響進德修業，比別人還更精進，而沒有自暴自棄。因此失意的時候，暫時安貧樂道，才不會失去志氣。

四、有備無患

當天空下雨的時候，就需要傘來遮蔽著，避免身體被淋濕，如果臨時沒有準備，那可就不妙了。這跟人生的道理一樣，總是有許多的情況，是我們會遭遇到的，只是時機不盡相同，在問題沒發生前，有些人明知道要事先預防，卻遲遲沒有去準備，等到問題發生時，才在那裡後悔

半天，但有些人比較幸運，懂得事情的輕重，先妥善做好規劃，因此可以度過難關，這就是有備無患的道理。

五、轉禍爲福

心意隨念頭轉變，若發起好的念頭，就會去力行善事，自然就可能得到福報，若是發起壞的念頭，就很容易作惡多端，下場就會遭受報應。因此當念頭升起時，就必須自我檢視，不可以輕易疏忽，放任邪惡的心念，在腦海裡面滋生，就算一時被迷惑，也要趕緊回頭，徹底的反省自覺，不要等到做了壞事，沒有辦法挽回時，才想要懺悔改過，那時已經來不及了，除了法律的制裁，還得接受良心譴責。

六、寧靜淡泊

當人安靜的時候，心思才可能沉澱，才可以仔細觀察，看見自我的本性，用佛家的話語來說，這就是禪定的功夫，讓人能夠寧靜淡泊。對於現代人來說，社會的步調繁忙，每天有無數的資訊，必須要閱讀吸收，面對這麼多問題，常常會自我迷惘，以至於無所適從，狀況輕微的，只是怨天尤人，心情鬱悶難解，若嚴重的話，精神出現毛

病，很容易想不開，因此練習禪定的功夫，才能理出自己的路。

七、動中眞靜、苦中眞樂

當困境來臨的時候，若是沒有辦法改變，選擇消極逃避的態度，這樣並不是解決問題，下次再遇到難題時，還是一樣無法脫身。所謂「動中靜是眞靜、苦中樂是眞樂」，是說明人要勇敢承擔，接受眼前的一切，也許現實的環境，並不能如意順遂，但若不積極振作，痛苦將輪迴不休。就像佛家說的淨土，其實就在每個人心中，若能定下心來，拋開一切雜念，就可以看見淨土。

八、人定勝天

人生的問題很多，難免會遭遇挫折，有時候會很痛苦，除了肉體的傷害，就是精神的折磨，往往有很多的人，因此無法撐過去，選擇輕生的道路，其實這是很傻的。個人隱藏的能力，千萬不可以低估，當困難來臨時，要看做是種考驗，能開發自我潛能，如同天將降大任於斯人也，必須要有人定勝天的意志，才可以克服不幸、挫折甚至於危險，最後一定能夠獲得成功，順利的開展自己的

理想。

九、生死有命

論語裡面提到：「生死有命、富貴在天」。這道理是告訴我們，凡事不要太過勉強，應該要順其自然，能積極行事就好，用不著機關算盡，非得要爭取到底。因為老天爺是公平的，冥冥之中會有安排，人的所做所為，就算欺騙別人、欺騙自己，都逃不過上天的眼睛，到時候恐有報應，替自己招來禍端。因此人的智謀有限，跟上天沒辦法比，但只要心無所求，正正當當的做人，自然能趨吉避凶。

十、蓋棺論定

中國人常說一句話，來判斷別人的功過，哪就是「蓋棺論定」。蓋棺論定的意思，也就是個人的是非好壞，都要到死了哪一刻才算數。像是聲色場所的娼妓，如果能夠棄娼從良，麼就可以獲得稱讚，但若是貞節的寡婦，因把持不住而失身，那得來不易的名譽，就在一夕之間毀掉。所以人只要即時醒悟，懺悔自己的過錯，並不再犯的時候，就能夠被人諒解，這就是佛家的「放下屠刀、立地成

佛」。

十一、平民宰相

一個平凡的老百姓，如果肯造福人群，願意來建設鄉里，不會去計較名份，對人也好善樂施，就算沒有權勢，或崇高的地位，大家還是會尊敬他，甚至當成精神領袖。反過來說，一個做官員的人，如果只貪圖利益，到處去魚肉鄉民，並且用盡計謀心機，不懂得照顧他人，就算有再大的權勢、再多的富貴，大家表面上雖然順從，但私下卻嚴厲批評，這樣子的官員，只是空有虛名，跟乞丐沒兩樣。

十二、飲水思源

人類文明突飛猛進，有今天這樣的生活，到處都充滿了便利，是靠前人不斷累積，付出他們的心血智慧，才有如此的成就。作為子孫的我們，應該要飲水思源，不可以忘記祖先，並且要學習前人，替後代子孫著想，不要為了一時的利益，而破壞週遭的環境，製造過多的垃圾，污染乾淨的河川，排放有害的廢氣，若造成生態浩劫，後果將不堪設想，子孫就看不到大自然，是一件可悲的事情。

十三、只怕僞君子

　　許多人都這麼認同，那就是「不怕眞小人、只怕僞君子」。因爲眞小人好防範，大家都有目共睹，只要不去招惹他，或是盡量遠離他，就不會出現問題，但僞君子就不一樣，由於平常都帶著面具，裝出和藹可親的樣子，根本就無法察覺，當他潛伏在你週遭，你還可能會接受他，把對方當成朋友，等到對方露出眞面目，伸出魔爪的時候，才做反應，就已經來不及了，所以僞君子比眞小人可怕多了。

十四、家和萬事興

　　俗話說：「家和萬事興」，一個和氣的家庭，人際的互動良好，彼此能溝通商量，家庭自然不會有事，就可以同心協力，一起打拚，創造幸福的人生。因此家是避風港，家人更是支柱，對待家人的態度，就不能跟外人比，無論發生什麼事，口氣都不能惡劣，甚至於肢體衝突當然千萬不可，這樣只會破壞感情，影響彼此的信任，是很不值得的，最好的方法是冷靜，用包容的心來對待，對方就不會有反彈。

十五、朝光明面看

　　天下的事物很多，有些是很完美的，但有些卻是缺陷，兩者差異很明顯，若你習慣只看缺陷，或是只注意本身的缺陷，心裡就會覺得不公平，產生許多埋怨，面目因此變得很醜陋，甚至於自甘墮落，不願意振作奮鬥，人生也因此黯淡，相反的若能朝光明面看，就會發現自己很幸運，遭遇比許多人要好，心中就不會憤恨，或者感到不知足，生命將會快樂許多，所有人如果都這樣想的話，世間就不會有那麼多紛爭和困擾。

十六、逆流而上

　　人生不是事事都能順利，當處於惡劣環境，覺得不如意之時，那是一種幸福，因為如此的考驗，其實在激發自己的潛能，不斷的反覆磨練，會花費很多心思，精神也比較集中，所以對很多事情，學習的態度變得積極，很快就能夠熟練，在不知不覺當中，能力會增加不少，過程也許很艱辛，讓你非常難忍受，但只要能熬過去，就可以有所作為，憑著毅力與決心，將來遇到其他問題，不但不會害怕，也難不倒你。

十七、爲人父母

　　家境貧窮的小孩，沒有什麼能享受，若教育失敗的話，長大後心態就可能有所偏頗，可能爲了金錢犯罪，而且還不懂得悔改。但家境富裕的孩子，若是不注意的話，情況也好不到哪裡去，因爲從小吃好、用好，沒有得不到的東西，長大以後，物質需求比別人高，沒辦法吃苦耐勞，若生活陷入困窘，就容易走向歧途，做些詐欺的勾當。爲人父母必須重視，培養孩子正確的金錢觀念，才不會誤導孩子一生。

十八、憎恨無益

　　我們都了解，沒有人是一無是處的，但是憎恨別人的人，往往會小題大作，就好像爲了趕走一隻老鼠，而把房屋給燒了一樣，其實對於別人的憎恨，只是情緒上的過度反應，就像不滿意對方，就忽略對方的優點。對方如果是風沙，刺痛了你的眼睛，就應該將沙石擦拭掉，才能夠看見景觀，而不是一直咒罵。自己若肚量狹小，爲了利益而與對方起衝突，所以才不屑別人的優點，那就是自己的過錯了。

十九、自然不造作

　　一篇優美的文章，並不是賣弄文字，用些華麗的詞藻，就可以稱得上美，其間還必須有眞感情融入在文字敘述當中，才能夠算是文情並茂。否則的話，辭溢乎情的文章，讓人覺得索然無味，只是一些文字堆砌，根本沒有價值可言。這道理跟人的修養相同，如果個人特意造作，認爲自己很清高，只是作給別人看，就像辭溢乎情的文章，空有外表的虛名，但實際上卻無內涵，人家將對你不屑一顧。

二十、以天下爲己任

　　用虛無的角度來看，世間的榮華富貴，不過是過眼雲煙，等到人撒手西歸，什麼也都帶不走，何必去爭名奪利，跟人家鉤心鬥角，甚至於殃及子孫，這是很不智的事。人若能夠看清楚這點，把握短暫的生命，去做有意義的事情，爲國家社會貢獻，讓更多人受惠，去承擔應有的責任，相信就可以活得很充實，人生就很有意義，到臨終的時候，就不會覺得空虛，而可以擺脫羈絆，無牽無掛的放下。

307

二十一、隱惡揚善

對於別人的過失，如果不是很嚴重，就不需要去揭發，應該私下的勸導，給對方改過的機會，只要對方有誠意，有心痛改前非，就該秉持「隱惡揚善」的精神來包容對方，不然的話，抓住把柄，趁機去攻擊對方，讓對方當眾難堪，因此惱羞成怒，沒辦法下臺的話，恐怕會挾怨報復，將無可避免地引發衝突，對自己沒有任何好處，還可能被拖下水，毀掉自己的名聲，實在是沒有必要。

二十二、自我主張

為人若隨隨便便，沒有一定的原則，到哪都人云亦云，跟著別人腳步走，就很可能被人利用，做出不應當的事情，或是被別人占便宜，再不然就是看你軟弱，存心想要欺負你，讓你的生活過得很苦惱。因此要有自我主張，凡事不聽別人擺佈，一切講求合情合理，如果遭遇到問題，自己沒辦法處理，就必須請去教賢能，替你想辦法，作為參考的依據，這樣就不太會吃虧。

二十三、人生無常

　　佛家說：「人生本無常」，意思是說一切事物，都只是過眼雲煙，不可有所執著，該來的時候要珍惜，該走的時候要放下，就不會被外物羈絆，影響了灑脫的心境。若是到醫院去觀察，就能體會生老病死，發現自己多麼幸運，還擁有身體的健康，像這樣的無價之寶，平常居然沒有重視。所以說不要浪費時間，要更加愛護生命，積極去完成夢想，體驗人生中不同的滋味，就不會白白走一遭。

二十四、行為端正

　　人有時會被別人誤會，因此產生許多紛爭，對於別人的毀謗，或者是不實指控，都不要太過在意，要先能冷靜下來，只要自己行的正，就不需要去反駁，讓時間證明一切。如果只為了面子，非爭一口氣不可，就容易失去理智，掉入情緒的陷阱，為了虛名而拚命，硬是要強出頭，結果可能身敗名裂，還到處與人結怨，朋友逐漸遠離，最後只剩下自己。與其受名聲所困擾，還不如放棄不要呢！

二十五、珍惜健康

當年輕的時候，人都喜歡逞強，仗著自己體力好，常作一些損害健康的事，像是熬夜打電動遊，或者是吸煙喝酒，沉迷於酒色當中，由於正值年輕有力，不會覺得有什麼不妥，但是人總是會衰老，到了中晚年的時候，往往就百病叢生，但是找不出原因，抵抗力非常虛弱，動不動就要打針吃藥，到醫院治療觀察，這就是少年不懂得保養，如果不想有此下場，現在就要開始保養。

二十六、回饋公眾

想要熱心公益，若只依靠個人的力量，效果將十分有限，沒辦法發揮大效益，應該要集中力量，捐獻錢財與貢獻人力給慈善單位，這樣救助的人會更多。但心裡面不能想著名聲，行善要默默的從事，這才是真正的積陰德，若只為了獲得利益，就等於是條件交換，雖然一樣有所付出，但由於不是真心誠意，效果自然就大打折扣，甚至於招來麻煩，會招來別人的批評，名聲不但沒有響亮，還可能留下臭名。

二十七、不委屈自己

　　爲了別人的期望，而處處委屈自己，就算剛開始沒關係，由於過度壓抑情緒，到頭來還是會出問題，日子反而不好受，這並不是做人的道理，還不如挺起胸膛，說自己想說的話，做自己想做的事，就算不小心得罪人，跟人家的意見不合，也不代表自己有錯，只是不善溝通而已。就像子女孝順父母，並不需要完全聽從，不對的事情，就應該阻止，站在反對的立場，才算是真的孝順。

二十八、慈悲眞愛

　　現在人經常把愛掛在嘴邊，一點都不覺得有問題，像是男女之間的愛情，就會覺得理所當然，但若能仔細想想，便會有一種領悟，那種愛並不是真愛，因爲凡事是相對的，有了「愛」就會有「恨」，兩者是形影不離的，愛的不好就會變成恨，以至於男歡女愛，最後變成社會事件，而上了新聞版面，因此當感情失利時，若能將愛昇華，進一步變成慈悲，心胸自然就開闊，就不會發生問題。

二十九、愛不是條件交換

在談情說愛的時候，人往往會考慮現實，這原本無可厚非，因為要門當戶對，比較不會有問題。但現在的愛情觀，早就已經變了質，男女見面的時候，就會開列出條件，像是身份、地位、家世、學歷、相貌、財富、職業等，這並不是真正的愛，而是物質條件的交換，因為愛是完全付出，沒有任何條件的，只要對方有需要，就盡量關心呵護，欣賞彼此的內涵，攜手共度難關，才是真愛的表現。

三十、感情不能勉強

人都有七情六慾，心裡難會受到牽引，特別是年輕男女，對於愛情的魔力，總是非常的嚮往，一見到喜歡的人，就會起愛慕念頭，拚命的接近對方，想跟對方在一起，這是人之常情。但若是對象錯誤，或是理由不正當，反而會增添煩惱，而沒有幸福可言，像是不倫之戀，對方有了伴侶，或者已經結婚，自己還苦苦相逼，很容易變成悲劇，必須要考慮清楚，感情這種雙方面的事，是無法去勉強的。

三十一、分手的智慧

有情人終成眷屬，這當然是件好事，沒有人會去阻止，但感情受挫，面臨分手局面時，就應該好聚好散，彼此好好的商量，不需要反目成仇，把氣氛弄的尷尬，免得引起衝突，造成更大的傷害。既然都曾經愛過，怎麼會忍心憎恨對方、醜化對方，甚至想傷害對方，這只會讓彼此更痛苦而已。還不如勇敢面對，多開發其他興趣，走出心中的陰影，讓自己轉換心情，期待下一段更美好的戀情。

三十二、愛之欲其生

情感的世界裡面，所謂「愛之欲其生、恨之欲其死」，就是人性的最佳寫照，也是所有煩惱的根源，許多人因此身陷牢籠，而沒有辦法逃脫出來。這是由於缺乏慈悲心，沒有宗教的信仰，若能把對方當作手足，像兄弟姊妹般照顧，人際關係就會和諧，反之，把對方當作仇人看待，心裡有排斥的念頭，就很容易你爭我奪，彼此互相猜忌，自然會產生是非糾紛以及溝通上的鴻溝，而無法平靜。

三十三、君子愛財

人在這個社會上，爲了要生活，就必須努力工作，賺取應得的酬勞，來維持食衣住行，這是基本的依靠，有了這個依靠後，人們才能夠實踐理想，進而幫助社會大眾。不過君子愛財取之有道，對於非份之財，就不應該妄想，若是想強取豪奪，雖然會達到目的，享受暫時的甜頭，但就佛家來說，卻種下來世的苦果，等到果報成熟時，就必須加以償還，眼前的利益不過是曇花一現而已。

三十四、莊嚴身心

每個人多少都有過錯，只是程度的差別，但不管大還是小，只要願意懺悔，心裡就會產生淨水，可以洗滌一切污垢，甚至能夠莊嚴身心。佛經說：「本無罪業、此心能造此心消」，一切的痛苦煩惱，既然是由身心所造，那麼身心也就能消除種種罪業，就像冬天的霜雪，遇到初春的陽光，慢慢就自動融化，消失於無形當中，因此當有了過錯，就要趕快懺悔，使罪業不要加大，煩惱就可以減少。

三十五、遠離懶惰

再怎麼肥沃的土地，如果缺少農夫辛勤的耕種，就不會長出稻米，自然就無法收成；再龐大的財富，無論有多少，只要子孫不惜福，奢侈敗家，很快就會揮霍殆盡，因此養成勤儉的美德，是非常重要的習慣，這對事業及財富，將有很大的幫助。自己要勤奮，勤奮是幸福快樂的根源，懶惰是貧窮的根源，遠離了懶惰習慣，你就是富有的人。

三十六、節省的用處

現代人講到節省，就會非常不認同，會認為觀念落伍，因為社會的風氣已變成享受至上，花錢似乎是理所當然的事。但是節省的意義，不只有物質層面，像是要節省時間，好利用研究興趣，就不會荒廢過日，或是節省智慧，避免出鋒頭惹禍，生活能得到寧靜，節省感情，不被兒女私情拖累，產生不滿的情緒，這些都對我們有幫助，才是節省另外的意義，這一點也不會落伍，反而是值得學習的。

三十七、人間好時節

　　無門禪師有一首偈說：「春有百花秋有月，夏有涼風冬有雪，若無閒事掛心頭，便是人間好時節」。這是說明四季的變化，各有巧妙不同，如同人有東西南北，到各地方去奔波，習慣也都有差異，但若能暫時寧靜，放下繁忙的工作，就會發現週遭景色，原來是這麼的怡人，只是我們沒用心察覺，平常渾渾噩噩過日子，而讓身心無法自在，因而無法達到逍遙的境界，如果可以的話，就能領悟自然之美。

三十八、自由自在

　　人對於物質的需求，胃口會越來越大，往往無法自我節制，雖然表面看不出來，但其實在心裡面，充滿無窮的慾火，正等待時機暴發，如果稍微不注意，就可能害人害己，這也就是人的野心。因此若想要幸福，過著平靜的生活，就要讓身心自由，而自由不向外求，完全在一念之間，如同佛家所說：「心能轉境」，真正自由的人，是不被外在環境干擾，就算處於牢籠當中，心念也是隨時自由的。

三十九、節哀順變

　　遭遇到人生打擊，像是親人的離別，任誰都會很難過，忍不住傷心落淚，心情會非常失落，接著意志就會因此消沉，有些人不能接受事實，情緒沒辦法恢復，就可能選擇逃避，不願意勇敢面對。其實時間能沖淡一切，如果能節哀順變，盡快的脫離悲傷，對親人或自己的壓力就會減少，亡靈也可以安心離去，生命本來就是悲歡離合，沒有人能夠預測，唯一可以掌握的，就是自己的心態，才能夠走向未來。

四十、小處著手

　　人對於小的事情，通常就不會在意，就算有些許瑕疵，也都會願意將就，但習慣若是養成，那麼將來做大事時，就可能重蹈覆轍，一但問題發生的話，大家就看的很清楚，根本沒有辦法掩飾，這就是疏忽小地方，卻造成嚴重的影響。所以想要做大事的人，要從小的細節著手，尤其是沒人的時候，更是要光明磊落，不可以欺騙自己，這樣才算得上大人物，將來一定能成功，沒有事情可以擊敗你。

四十一、明哲保身

　　社會風氣越是混亂，到處就充滿了危險，一但不小心的話，就會惹禍上身，成為下個受害者。因此要明哲保身，才可以獲得平安，首先要學會隱藏智慧，不要跟人家爭辯，要懂得靜觀其變，避免遭人家忌妒，再者是，凡事都退讓三分，不要到處出鋒頭，就不會樹大招風，替自己帶來麻煩，最後是暫時委屈，對於自己的理想，先不要急著實現，要等待天時、地利、人和，否則就會有淒慘的下場。

四十二、百忍圖成

　　每一件事情的發展，都會有結束的時候，特別是登峰造極時，通常也就開始轉變，若沒有加以防範，事先去規劃妥當，恐怕就會出問題，尤其是微小的細節，一般人都會忽略，加上意志不堅定，根本沒辦法持久，一下子就忘記了。當初越王勾踐被吳王夫差打敗，因此立志「臥薪嘗膽」，每天都不敢鬆懈，經過十年教訓，勵精圖治的結果，最後就獲得勝利，成功的復國雪恥，正是堅毅的表現。

國家圖書館出版品預行編目資料

我的第一本求籤解惑書／陳哲毅著.
－－初版－－ 台北市：知青頻道 出版；
紅螞蟻圖書發行，2006〔民95〕
面　　　公分，－－(Easy Quick : 65)
ISBN 957-0491-71-X (平裝附光碟片)

1.籤詩
292.7　　　　　　　　　　　　95006998

Easy Quick 65

我的第一本求籤解惑書

作　　　者／陳哲毅
發 行 人／賴秀珍
榮譽總監／張錦基
總 編 輯／何南輝
特約編輯／呂思樺
美術編輯／林美琪
出　　　版／知青頻道出版有限公司
發　　　行／紅螞蟻圖書有限公司
地　　　址／台北市內湖區舊宗路二段121巷28號4F
網　　　站／www.e-redant.com
郵撥帳號／1604621-1　紅螞蟻圖書有限公司
電　　　話／(02)2795-3656 (代表號)
傳　　　眞／(02)2795-4100
登 記 證／局版北市業字第796號
港澳總經銷／和平圖書有限公司
地　　　址／香港柴灣嘉樂街12號百樂門大廈17F
電　　　話／(852)2804-6687
法律顧問／許晏賓律師
印 刷 廠／鴻運彩色印刷有限公司
出版日期／2006年5月　第一版第一刷

定價 300 元　　港幣 100 元

ISBN 957-0491-71-X　　　　　　　　　　**Printed in Taiwan**